빙엔의 힐데가르트
작품선집

빙엔의 힐데가르트 작품선집

발행일 | 2021 년 3 월 8 일 발행
발행인 | 손영란
저　자 | 빙엔의 힐데가르트
책임편집·번역 | 김재현
편　집 | KIATS 편집팀
디자인 | 박송화 조유영
펴낸곳 | 키아츠 (KIATS)
주　소 | 서울시 도봉구 마들로 624, 302 호
전　화 | 02-766-2019
팩　스 | 0505-116-2019
E-mail | kiatspress@naver.com
ISBN | 979-11-6037-176-5(02230)

* 본 출판물의 저작권은 키아츠 (KIATS) 에 있습니다.
* 사전동의 없이 무단으로 복사 또는 전재하여 사용할 수 없습니다.

빙엔의 힐데가르트 작품선집

저자 빙엔의 힐데가르트

프롤로그 비벌리 M. 킨질리

편집·번역 김재현

키아츠
KIATS

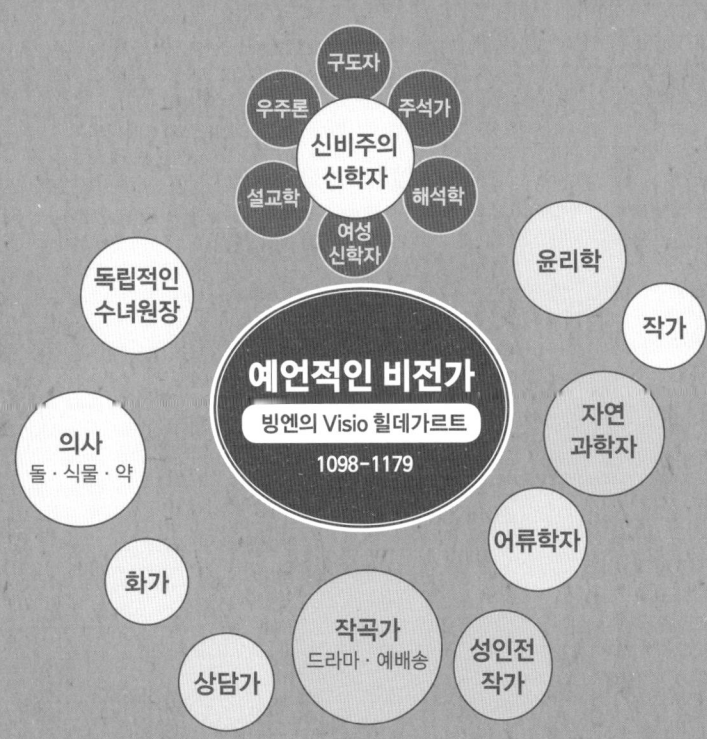

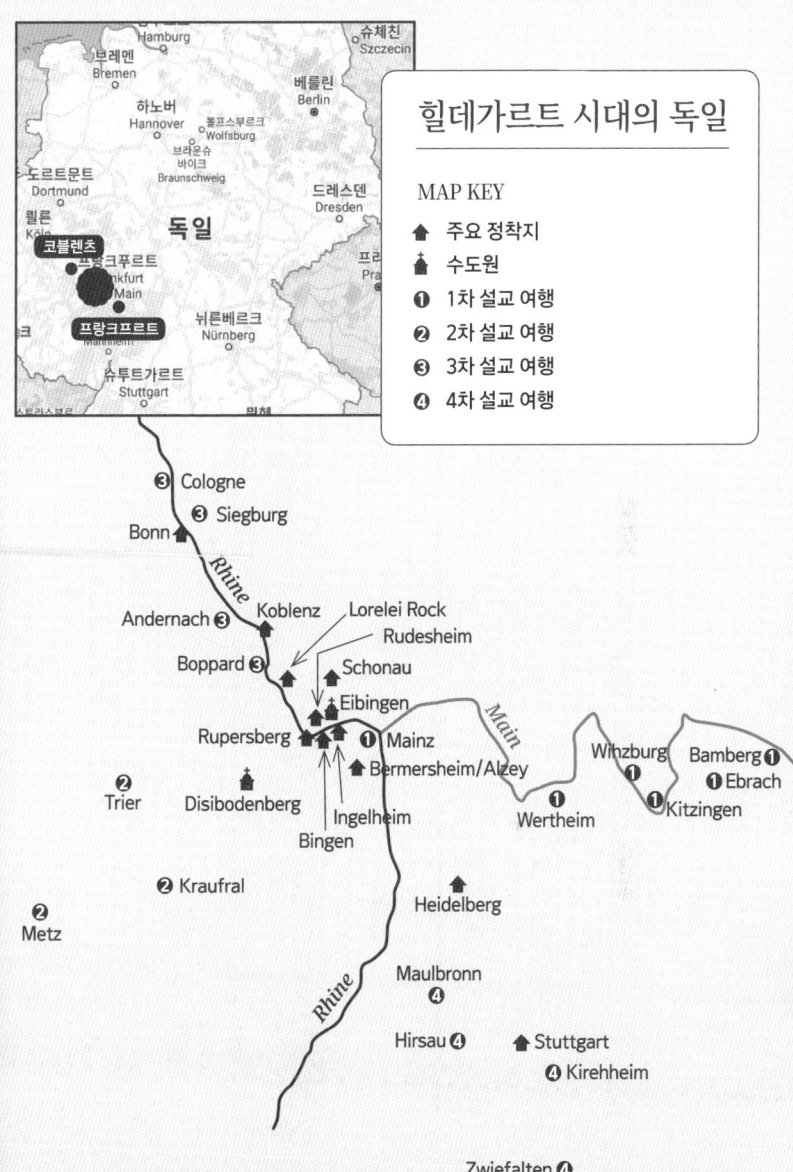

힐데가르트 생애

1098 — 출생, 라인강변의 베드머샤임 (Bermersheim)

1101 (3세) — 비전(visio)을 보기 시작

1103 (5세) — 비전을 이해하기 시작

1106 (8세) — 주타(Jutta)의 조수사(Oblate), 디시보덴베르크(Disibodenberg)

1112 (14세) — 봉쇄수도원 수녀생활 시작

1136 (38세) — 주타 사망, 수녀원의 magistra 선정 (부원장, 주타의 후임자) 음악을 쓰기 시작

1147.11 / 1148.12 (50세경) — 교황 유게니우스 3세 (Eugerius III, 재위기간 1145–1153) 의 비전 인준

1150 (52세) — 첫 번째 독립적인 수녀원 설립 (루페르츠베르크, Rupertsberg, 폴마르(Volmar) 감독관으로 합류)

1160 (62세) — 두 번째 독립적인 수녀원 설립 (아이빙엔, Eibingen)

1179 (81세) — 소천

2012. 5. 10 — 성인 추대

Vision

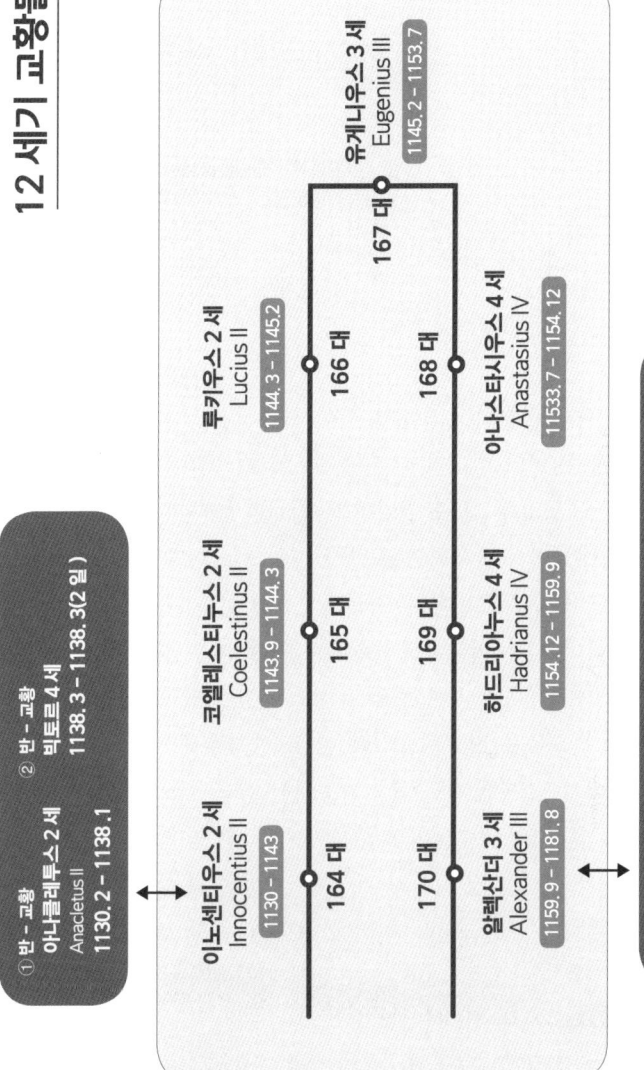

프롤로그

비벌리 M. 킨질리 Beverley M. Kienzle
(전 하버드대학 신학대학원 교수)

이번에 새로 출간되는 흥미로운 이 작품선집은 한국인 독자들에게 빙엔의 힐데가르트[1098-1179]의 매력적이고 심오한 글들을 접하게 해 줄 것입니다. 김새한 박사는 프린스턴 신학대학에서 박사학위를 받기 전에 하버드대학 신학대학원에서 공부하는 동안, 명석하고 부지런한 저의 학생이었습니다. 그는 미국에서 공부하는 동안 매우 뛰어났으며, 중세연구에 있어서 북미와 유럽의 주요한 국제학술대회에서 논문들을 발표했습니다. 또한 매사추세츠주의 캠브리지에서 그가 조직한 콜로키움에서 한국 학생들과 하버드 신학대학의 교수들이 토론을 하기도 했습니다.

대학원 학생 시절 김 박사의 가장 큰 관심 중의 하나는 빙엔의 힐데가르트였습니다. 이번에 나오는 이 중요한 작품선집은 힐데가르트에 대한 그의 오랜 관심에서 솟아난 것입니다. 힐데가르트는 두 개의 수도원의 설립자요, 비전가와 성경신학자요, 선지자요, 여러 분야에서 많은 작품들을 남긴 작가요, 작곡가요, 자연과학자요, 치료자였습니다. 그녀는 여느 중세인도 쉽게 성취하지 못했던 상당한 수준의 문학적이고 예술적인 결과물을 만들어냈습니다. 힐데가르트의 작품들은 12세기에 유명한 그리스도인인 클레르보의 베르나르^{Bernard of Clairvaux}와 성 빅토르의 휴^{Hugh of St. Victor}와 비견될 수 있습니다. 베르나르가 당대 가장 영향력 있는 기독교인이었듯이, 힐데가르트는 12세기에 가장 큰 영향력을 미친 여성이었습니다.

김 박사는 힐데가르트의 크고 작은 작품들과 그녀의 신학적 주제들이 갖는 풍부함을 한국인 독자들에게 소개할 목적으로 힐데가르트의 중요한 작품들을 골라 이 책에 담았습니다. 이 책은 우선 힐데가르트의 비전적인 3개의 작품들의 일부를 담고 있는데, 이 작품은 40년 이상이나 거듭해서 발전된 힐데가르트 신학의 핵심을 담고 있습니다: 〈너의 길을 알라〉^{Scivias/ Know the Ways}, 〈삶의 보상에 대한 책〉^{Liber vitae meritorum/ Book of the Rewards of Life}, 〈하나님의 창조에 대한 책〉^{Liber divinorum operum/ Book of Divine Works}

첫째로, 〈스키비아스〉에서, 힐데가르트는 1141년에 하나님으로부터 자신이 받은 놀랄만한 비전과 영적인 설명들을 성경에 대한 이해를 포함해 설명합니다.

1158년에 또 다른 비전을 받아 〈삶의 보상에 대한 책〉을 발간했습니다. 당시 힐데가르트는 61세의 나이였는데, 교황청은 프레드릭 1세가 교황권에 반대해 야기한 교회의 대분열1159-1177때문에 어려움에 처해 있었습니다. 〈삶의 보상에 대한 책〉에서 우주 안에 자리하고 있는 사람의 모습은 네 방향을 보고 있는데, 인간의 죄악 된 행위, 인간에게 다가올 심판을 상기시키는 것을 포함해 그녀가 본 것을 세밀하게 묘사하고 있습니다. 힐데가르트는 35개의 악을 생기 있게 그려주고, 그들에 상응하는 처벌과 참회와 함께 악을 치료할 수 있는 덕을 보여 주었습니다.

힐데가르트의 세 번째 비전적인 작품인 〈하나님의 창조에 대한 책〉은 1163년에 받은 강력한 비전에서 시작해 1167년 좀더 온화한 비전에 이르는 계시에 기초하고 있습니다. 두 개의 비전은 특히 창세기 1장과 요한복음 1장에 대한 이해를 증대시켜 주었는데, 힐데가르트는 그 관계를 자신의 작품에서 야심차게 해석했습니다. 이번 한국어 작품선집은 이 책의 제1권의 일부를 담고 있습니다. 힐데가르트는 우주의 중심에서 인간의 위치를 설명하고, 신체를 지배하는 네 가지 체액들과 연결되어 있는 인간이 어떻게 4요소(불, 공기, 물, 흙)의 영향(열과 불, 호흡과 공기, 피와 물, 육체와 흙)을 느끼는지 기술합니다.

이러한 비전적인 작품들뿐만 아니라, 이번 작품선집은 힐데가르트의 가장 잘 알려진 편지를 선별해 담았습니다. 힐데가르트의 광대한 서신 교환은 오늘날까지 300편 이상이 남아 있는데, 그것은 교황에서 고위 성직자들, 수녀들, 수사들, 일반인들에 이르는 사람들에게 보내진 것들입니다.

〈원인과 치료들〉Causae et curae, Physica에서 선별된 개념들은 힐데가르트의 과학적이고 의학적인 작품들로써 자연세계와 의학과 치료를 위한 자연치유에 대한 광범위한 관심을 보여주고 있습니다.

힐데가르트의 가장 잘 알려진 예전적인 찬송인 심포니

아^{Symphonia}에 실린 77편 중에서 이 책에 담긴 다섯 편의 노래는 시와 노래의 이미지를 통해 힐데가르트의 기독론을 잘 보여줄 것입니다. "오, 영혼의 목자시여"$^{\text{O. Pastor animarum}}$라는 성가의 이미지와 주제는 요한복음 10장 11-16절에 기초한 두 편의 설교와 밀접하게 연결되어 있는데, 제가 출간한 〈복음서 설교〉$^{\text{Expositiones evangeliorum}}$에서 선별해 김 박사가 한글로 번역해 담았습니다. 첫 번째 설교에서 힐데가르트는 창조에 대한 자신의 신학을 전개시키는 방식으로 구절을 해석합니다. 두 번째 설교에서 그녀는 자신의 도덕적 신학을 보여주는데, 여기서 덕과 악이 영혼의 구원에 대하여 갈등을 일으키고 있습니다.

탁월하게 잘 선택된 본문들에 대한 한글 번역본 말미에 김 박사의 에필로그가 이어집니다. 이 책은 별미로 힐데가르트의 작품과 관련된 적절한 이미지들과 유용한 타임라인을 포함하고 있습니다. 한국의 독자들이 김재현 박사가 힐데가르트의 작품에서 세심하게 선별해 번역해 아름답게 나열한 이 선집을 통해 빙엔의 힐데가르트에 대하여 많은 것을 알아갈 수 있기를 기대합니다.

2021년 3월
미국 메사추세츠

일러두기

- 독자의 편의를 위해 편집자가 단락과 문장 배열을 임의로 조절했다.

목차

[프롤로그] 비벌리 킨질리(전 하버드대학 신학대학원 교수) • 8

너의 길을 알라 Scivias • 16

삶의 보상에 대한 책 Liber vitae meritorum • 59

하나님의 창조에 대한 책 Liber divinorum operum • 82

베르나르에게 보내는 편지 • 127

힐데가르트, 삶을 위한 6가지 규칙 • 133

심포니아 Symphonia • 136

복음서 설교 Expositiones • 146

[에필로그] 하나님의 숨결에 휘날린 하나의 깃털과 같이 살다간,
하늘의 비전을 글과 삶으로 그려낸 여자 선지자,
빙엔의 힐데가르트 _김재현 • 153

[주요자료] • 163

너의 길을 알라 Scivias
"선언"

1150/1151년경에 쓰인 힐데가르트가 쓴
〈스키비아스〉의 서론에 해당하는 선언문으로
1141년에 일어난 일을 묘사하고 있다.

Scivias (너의 길을 알라)
힐데가르트의 첫 번째 대작 〈스키 비아스 루키스〉Sci-vias-lucis는 원래 〈빛의 길들을 알라〉(Know-the ways-of the Light)를 뜻한다. 이 책은 힐데가르트가 직접 경험한 26개의 종교적 비전들을 기록한 것으로, 눈으로 보고 그려낸 35개의 비전적 이미지들을 '마음의 귀'로 들은 내용을 설명과 함께 담았다. 총 3부로 구성된 〈스키비아스〉는 창조와 타락을 다루는 제1부(6개의 비전), 예수와 구원의 이야기를 다룬 제2부(7개의 비전), 그리고 하나님 나라의 도래와 선악을 다루는 제3부(13개의 비전)로 구성되어, 창조에서 종말에 이르는 방대한 구속사를 그려주고 있다.

"선언"

하나님으로부터 흘러 내려오는
참된 비전들이 여기에 있다.

보라, 내가 지나온 인생길이 43년째가 되던 해[1141년]에, 나는 커다란 두려움과 떨려오는 주의력을 기울여 천상의 비전을 바라다 보고 있었다.

그때 나는 대단한 하나의 광채를 보았는데, 그 안에서 하늘로부터 내게 다음과 같이 말하는 목소리를 들었다.

"오, 재 중의 재요,
불결한 것 중에 가장 형편없는,
연약한 인간이여,
네가 보고 듣는 것을
말하고 기록하라.

너의 길을 알라 - Scivias

그러나
네가 말하기를 두려워하고,
설명하는 데 있어서 단순하며,
글로 기록하는 데 있어서 배우지 못했으니,
이것들을
사람의 말을 통해서도 아니고,
인간이 고안한 것을 이해해서도 아니고,
사람들이 글로 만들어내려는 필요에 따라서가 아니라
천상의 높은 곳에 있고
하나님의 경이로운 것들 안에 있는 것들을
네가 보고 들은 대로
말하고 기록하라.

이는 마치
듣는 자가
자기 선생의 말씀을 받아들여
선생이 원하고, 보여주고, 가르치는 것처럼
선생의 말이 담고 있는 취지에 따라서
그것을 알려 주는 것과 같은 방식으로
이러한 말들을 설명하라.

또한, 너,
오, 인간이여,
네가 보고 듣는 것들을 말하라.
너 자신이나 여느 다른 사람을 따라서가 아니라,
그분의 신비로움이라는 숨겨진 곳에 있는
모든 존재들을 알고, 보고, 마음대로 할 수 있는
그분의 의지에 따라서
그것들을 기록하라."

그러고 나서 나는 다시 하늘로부터 내게 말하는 하나의 목소리를 들었다.

"그러므로 이렇게 놀라운 것들을 말하고,
가르침을 받은대로
그것들을 기록하고 말하라."

이는 내가 만 42살 7개월이 되던,
하나님의 아들이 강생하신 후
1141년에 일어났다.
엄청나게 반짝이는 찬란함 중에서
하늘이 열렸는데,

불타는 듯한 하나의 빛이
나의 두뇌 전체에 넘쳐 흘러
나의 심장 모두와 나의 가슴 전체를
하나의 화염처럼 불태웠다.
그럼에도 불구하고,
화염은 나를 불태운 것이 아니라,
뜨거워지게 만드는 불길과 같았는데,
이는 마치 태양이 내뿜는 광선들이
비추어주는 존재마다 뜨거워지게 만드는 것과 같다.

나는 갑자기 성경책들을
해석하는 의미를 알게 되었는데,
말하자면, 시편과 복음서와 구약과
신약의 다른 정통적인 책들을 이해하게 되었다.
그럼에도 불구하고,
그런 경험으로
그 책들 안에 있는 단어들을 해석할 수 없었고,
음절들을 구분할 수 없었고,
격이나 시제들을 이해할 수 없었다.

참으로 나는 어린 시절부터,

말하자면 내가 5살 되던 시절부터 그때까지 계속해
은폐되고 놀랄만한 비전들이 가진 능력과 신비를
경이로운 방법을 통해 스스로 인식해 왔다.

그러나 나는 내 자신과 같은 삶의 방식으로 살고 있던
몇몇 종교적인 인물들을 제외하고는
그것을 누구에게도 알리지 않았다.
그러는 사이에
하나님이 당신의 은총으로
그것을 명백하게 드러나기를 바라셨던
그 시점에 이르기까지,
나는 온전한 침묵 아래 그것을 감추고 있었다.

그러나
내가 보았던 비전들은
내가 꿈 속에서 받은 것이 아니고,
내가 잠을 자고 있을 때에 받은 것이 아니고,
미친듯한 상태에서 받은 것도 아니고,
육신의 눈을 통해 받은 것도 아니고,
신체의 바깥 부분인 귀를 통해 받은 것도 아니고,
은밀한 장소에서 받은 것도 아니다.

나는 깨어 있을 때,
맑은 마음으로,
내적인 마음으로,
내적인 마음의 눈과 마음의 귀로,
공개된 장소에서,
하나님이 원하실 때
그런 비전들을 받았다.
살과 피를 가진 인간이
이 비전이 어떻게 생겨났는지를 아는 것은 어렵다.

그러나 이야기를 이어가자면,
내 소녀시절이 지나가고
내가 위에서 언급한
육체적으로 장성한 나이에 도달 했을 때에,
나는 하늘에서 다음과 같이 말하는 목소리를 들었다.

"나Deus, 하나님는
어두움을 비추어주는 살아있는 빛이다.
내가 선택했고,
내가 원하는대로 기적적인 방법으로 드러눞게 했던
그 사람힐데가르트을

나는 대단히 경이로운 것들 가운데 두었는데,
내 안에 감추어진 많은 것들을 보았던
사람들의 지경을 넘어서게 했다.
그러나 나는 그녀를 땅 위의 낮은 존재로 만들었고,
그녀가 마음의 뻔뻔함 때문에
스스로 자만하지 않도록 했다.

세상은 그녀 안에서
어떤 즐거움이나 외설스러움을 누리지 못했고,
세상적인 것들이 그녀 안에서는 소용이 없었다.
왜냐하면, 내가 그녀를 완고함과 뻔뻔함으로부터 떼어내어,
그녀가 두려움을 느끼게 하였고,
자신의 일에 있어서
그녀 자신이 두려움을 느꼈기 때문이다.

왜냐하면
그녀는 가장 내면에서
자기 육체의 동맥에서
고통을 느꼈기 때문이다.
그녀 안에는 어떠한 안전함도 거할 수 없었고,
자신이 행하고 있는 모든 일에 있어서

그녀는 스스로 죄인이라고 판단하였기에
마음과 감각에서 고통을 겪었고,
거대한 신체적인 고통을 감수하였다.
왜냐하면
내가 그 마음의 갈라진 부분을 매워,
그녀의 마음이 교만과 허영 가운데
스스로를 추켜 세우지 않도록 했는데,
이는 기쁨과 문란함보다
두려움과 슬픔을 갖게 하기 위해서이다.

그러므로
나의 사랑 안에서
그녀가 자신의 마음 속에서
구원의 길을 따라 달려나가는 자를 발견할 곳을 찾았다.
그녀는 그런 사람을 찾아,
그 Volmar, 폴마르를 사랑했는데,
그이 역시 신실한 사람이고
사람들을 내게로 인도하는 사역의 다른 부분에서
그녀처럼 일 하는 사람이었다.
그를 굳게 붙들고서,
그녀는 대단한 열정을 갖고서 그와 일을 했는데,

결과적으로 나의 숨겨진 놀라운 일들이 알려지게 되었다.
그녀는
스스로를 자신 이상으로 높이기를 추구하지 않았고,
많은 한숨을 쉬면서 그에게 고개를 숙였고,
겸손을 향상시키고 선한 의지를 지향하는 과정에서
그를 찾았다."

"오, 인간이여,
속임수가 가져다 주는 혼란함이 아니라
단순성이 지니고 있는 정결함으로,
숨겨진 것을 밝혀줄 목적으로
이것들을 받았으니
네가 보고 들은 것들을 적으라."

비록 내가 이것들을 정말로 들었지만,
그럼에도 불구하고
의심과 나쁜 생각과
인간의 언어가 갖는 다양성 때문에,
오랫동안 나는 받아 적기를 거부했었다.

이는 완고함 때문이 아니라,

겸손한 습관 때문이었는데,
나는 하나님이 내린 채찍에 드러누워
병에 걸려 침대에 쓰러졌다.
그리고, 마침내 수많은 병약함을 통해
강제로 기록할 수 밖에 없을 때까지 그러했다.
내가 위에서 설명했던 것처럼
선한 기질을 가진 어느 귀족 집안 출신의 젊은 여성 슈타드Stade의 리카르디스Richardis과
내가 은밀하게 찾아 만나곤 했던 사람 폴마르Volmar의
증언에 의해
나는 기록할 준비를 했다.

내가 기록하고 있을 때,
성경적 해석이 지닌
매우 깊고 심오한 뜻을 경험하면서,
이전에 말한 것처럼,
내가 받은 힘으로 질병에서 스스로를 일으켜 세우고,
10년1141-1151만에
나는 이 작업을 끝마치게 되었다.
이 작업을 결코 그만둘 수 없었다.

마인츠의 대주교인 하인리히 Heinlich/Henry와
로마제국의 왕인 콘라트 Conrad,
디시보덴베르크의 수도원장인 쿠노 Cuno와
교황 유게니우스 Eugenius 3세가
다스리던 시대에
이러한 비전들이 벌어졌고,
이런 작품들이 기록되었다.

그리고
나는 내 마음이나
다른 어떤 사람들의 계획을 따라서가 아니라,
하나님의 숨겨진 비밀들을 통해
천상에 존재하는 것들을
내가 듣고 받은대로
말하고 기록하였다.

다시금
나는 하늘에게 다음과 같이 말하는 소리를 들었다.

"그러므로 이것을 부르짖으라.
그리고 그렇게 받아 적으라."

너의 길을 알라 - Scivias • 27

너의 길을 알라 Scivias
"왕좌에 앉은 하나님이 스스로를 힐데가르트에게 보여주신다"
Book I.1

왕좌에 앉은 하나님이 스스로를 힐데가르트에게 보여주신다.

나는 철의 색깔을 지닌 하나의 거대한 산을 보았다.
그렇게 위대한 영광을 지닌 분이
산 위 보좌에 앉았는데,
내 눈을 멀게 만들었다.
그분의 양 옆에 잔잔한 그림자가 이어져 있었는데,
놀랄만한 폭과 길이를 지닌 하나의 날개와 같았다.
그분 앞에, 산 기슭에는
사방이 눈으로 가득한 하나의 이미지가 서 있었는데,
그렇게 많은 눈 때문에
나는 어떤 인간의 형태도 알아 볼 수가 없었다.
이러한 이미지 앞에 다른 이미지,
즉, 칙칙한 색깔을 지닌 웃옷을 입고 흰 신발을 신은
한 아이가 서 있었다.

너의 길을 알라 - Scivias

그의 머리 위에는
산 위 보좌에 앉아 있는 분으로부터
그런 [위대한]영광이 내려와 있었는데
나는 그의 얼굴을 바라다 볼 수 없었다.
그러나
그 산 위 보좌에 앉은 분으로부터
살아있는 많은 불꽃들이 튀어 나왔는데,
그들은 매우 달콤하게
그 이미지들 주변으로 흘러내렸다.
또한 나는 이 산에서 작은 창문들을 많이 보았는데,
그 안에서 사람들의 머리가 나타났는데,
몇몇은 칙칙한 색깔의 옷을 입었고,
몇몇은 하얀 옷을 입었다.

그리고 보라, 그 산 위 보좌에 앉은 분은
매우 강하고 큰 목소리로
다음과 같이 말하며 소리를 질렀다.

"오, 땅 위에 연약한 먼지요,
재 중에 재 같은,
인간이여!

성경의 가장 깊은 내용들을 알고 있지만,
하나님의 정의를 섬기는데 미온적이고 게으르기 때문에
그것들을 말하거나 설교하기를 원하지 않는
그런 사람들이 가르침을 받을 때까지
순수한 구원의 기원에 대하여
소리 질러 말하라.

그들이 비록 소심하지만,
그들이 숨겨지고 열매가 없는 들판에 은폐한
신비스러움이라는 울타리를
그들을 위해 열어 제치라.

이브의 반역 때문에
네가 경멸할 만하다고 지금 생각하는 자들이
네가 흐르게 한 물에 넘쳐서 자극을 받을 때까지
풍요로운 샘을 터지게 해서
신비로운 지식이 넘쳐 흐르게 하라.

왜냐하면
네가 받은 심오한 통찰력이
사람으로부터가 아니라,

높은데 계신 고상하고 엄청난
재판관으로부터 받은 것으로,
거기에는 이러한 고요함이
반짝이는 존재들 사이에서
영광스러운 빛으로 강력하게 비췰 것이기 때문이다.

그러므로 일어나라,
하나님이 돕는 강력한 능력으로
네게 보여준 것을 소리질러 말하라.
왜냐하면,
힘과 온유함으로 모든 피조물을 지배하는 그분은
자신을 두려워하고 섬기는 자들을
달콤한 사랑과 겸손함 가운데서
천상의 설명이라는 영광으로 넘쳐흐르게 할 것이며,
이러한 정의로운 길을 따라가는 자들을
영원한 비전의 기쁨으로 이끌 것이기 때문이다."

1. 하나님의 영원한 왕국이 지닌 힘과 안정성

네가 보듯이, 그러므로, 철의 색깔을 지닌 거대한 산은 하나님의 영원한 왕국이 지닌 힘과 안정성을 상징적으로 보여주는데, 변동성을 지닌 어떠한 요동함도 그것을 파괴할 수 없다.

그렇게 위대한 영광을 지녀서 너의 시각을 눈멀게 한 그 산 위 보좌에 앉으신 분은 천상의 신성으로 결코 바래지지 않는 평온함이 주는 광채로 온 세상을 다스리시는 복 있는 자들의 왕국에 계신 분인데, 사람의 마음으로는 이해가 불가능한 분이다.

그분의 양 옆쪽으로 놀랄만한 폭과 길이를 가진 하나의 날개와 같은 잔잔한 그림자가 쭉 뻗어 있는데, 그것은 훈계를 하고 처벌을 하는데 있어서 형언할 수 없는 정의가 달콤하고 온화한 보호를 상징적으로 나타내며, 정의가 참으로 공평하게 보존된다는 것을 보여준다.

2. 주님을 경외하는 것에 관하여

그분 앞에 산 기슭에는 사방이 눈으로 가득한 하나의 이미지가 서 있다. 왜냐하면 주님을 경외하는 것은 겸손함을 갖고 하나님의 면전에 서는 것이고, 선하고 바른 의도로 명료하게 둘러싸여 인간들 사이에서 자신의 열정과 안정성을 행사하면서 하나님의 왕국을 응시하는 것이다.

그리하여 그러한 눈들 때문에 너는 그에게서 어떤 인간적인 형태도 구별 할 수 없다. 스스로의 명상이라는 예리한 시각을 통해 그는 하나님의 정의를 망각하는 모든 것들에 대항하는데, 사람들은 종종 자신들의 지적인 단조로움 안에서 그것

[정의]을 느끼며, 그래서 나약한 인간들이 제기하는 어떠한 질문도 그의 경계심을 회피할 수 없다.

3. 심령이 가난한 자들에 관하여

이러한 이미지 앞에 다른 이미지, 칙칙한 색깔을 지닌 웃옷을 입고 흰 신발을 신은 한 아이가 서 있었다. 왜냐하면 주님에 대한 경외함이 이끌 때, 심령이 가난한 자들은 따른다. 왜냐하면 주님을 경외하는 것은 겸허한 헌신 안에서 심령의 가난이란 축복으로 굳게 잡아주기 때문인데, 마음의 자랑이나 우쭐함을 추구하지 않고, 단순성과 마음의 절제를 사랑하고, 자신의 의로운 행위들을 스스로에게 돌리지 않고 연약한 백성들로, 칙칙한 웃옷을 입고 신실하게 하나님의 아들의 평온한 발자국을 따라가며 [의로운 행위들을] 하나님께 돌리기 때문이다.

그의 머리 위에는 산 위 보좌에 앉아 있는 분으로부터 그런 [위대한] 영광이 내려와 있었는데 나는 그의 얼굴을 바라다 볼 수 없었다. 왜냐하면 창조된 모든 피조물을 지배하는 그분이 자신의 방문이 갖는 대단한 명료함을 통해 이런 축복이 갖고 있는 능력과 힘을 부여하기 때문이고, 천상의 풍요로움을 소유하고 있는 분은 스스로를 겸손하게 가난에 복종시켰기 때문에 약하고 죽을 운명을 가진 인간이 그분의 목적을 파악할 수 없기 때문이다.

4. 하나님을 경외하고 영혼의 가난을 사랑하는 자들은 덕을 수호하는 자들이다.

그러나 그 산 위 보좌에 앉은 분으로부터 살아있는 많은 불꽃이 튀어 나왔는데, 그것들은 매우 달콤하게 이 이미지들 주변으로 흘러내렸다. 이는 엄청나게 많은 강력한 덕이 전능하신 하나님으로부터 나와서, 신의 영광 안에서 불들을 쏘아낸다는 것을 의미한다. 이들은 열정적으로 진심으로 하나님을 경외하는 자들과 신실하게 심령의 가난을 사랑하는 자들을 포용하며 사로잡으며, 자신들이 도와주고 보호해줌으로 그들을 감싼다.

5. 인간 행동의 목적이 하나님의 인식으로부터 은폐될 수 없다.

또는 이 산에서 작은 창문들을 많이 보았는데, 그 안에서 사람들의 머리가 나타났는데, 몇몇은 칙칙한 색깔의 옷을 입었고, 몇몇은 하얀 옷을 입었다.

왜냐하면 하나님에 대한 가장 높고 심오하고 명료한 지식 안에서 인간들의 행위가 지닌 목적이 은폐되거나 숨겨질 수 없기 때문이다. 대부분의 경우, 인간들의 행위는 미온적인 면과 순수함이라는 양쪽을 보여주는데, 사람들이 지금 죄 안에서 잠자고 있고, 자신들의 마음과 행위에 있어서 지쳐있고, 그리고 이제 깨어나 영예 가운데 경각심을 갖고 있기 때문이다. 솔로몬은 나를 위해 이 점을 다음과 같은 말로 증언하고 있다.

6. 이 주제에 대한 솔로몬의 의견

"손을 게으르게 놀리는 자는 가난하게 되고 손이 부지런한 자는 부하게 되느니라"잠언10:4

이것은 사람이 의롭게 행하지 않거나 사악함을 피하지 않거나 빚을 갚지 않으면 스스로 약해지고 가난하게 되며, 복된 일들이 보여주는 놀라운 것을 대면하고도 게으른 상태로 남게 되는 것을 의미한다.

그러나 진리의 길을 달려가면서 구원의 강력한 일을 행하는 사람은 영광이라는 분출하는 샘을 얻을 것이며, 이로 인해 그는 이 땅에서와 하늘에서의 가장 고귀한 부를 스스로 준비할 것이다.

그러므로, 성령과 믿음의 날개들에 대한
지식을 갖고 있는 사람은 누구든지,

이 사람으로 하여금
내 훈계를 무시하지 못하게 하고,
그것을 맛보아, 포용하고,
자신의 영혼 안에 받아들이게 하라.

너의 길을 알라 Scivias
"천사들의 합창단"
Book I.6

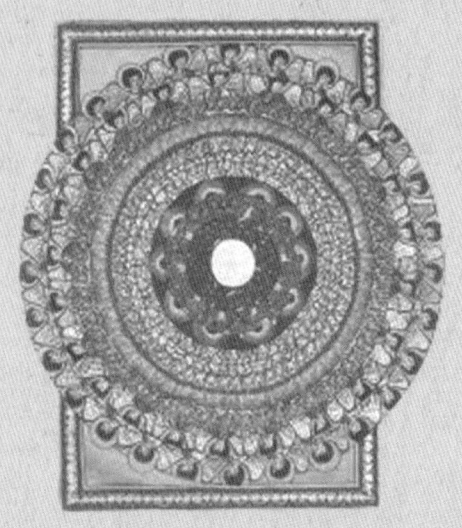

천사들의 합창단

나는 하늘의 높은 곳에 있는 비밀스런 장소들에서 천상의 영들로 구성된 두 군대들을 보았는데, 그들은 엄청나게 밝게 빛나고 있었다.

한쪽 군대의 무리에 속해 있는 자들은 자신들의 가슴 위에 날개들을 갖고 있었는데, 날개 앞쪽에는 사람들의 형태와 같은 모습을 지녔고, 사람들의 모습은 그 위에서 마치 맑은 물 속에 있는 것처럼 보였다.

두 번째 군대의 무리에 속한 자들 역시 자신들의 가슴에 날개를 갖고 있었는데, 그것은 사람의 형태와 같은 모습을 보여주었는데, 인자의 이미지가 그 안에서 마치 하나의 거울 안에서처럼 빛나고 있었다.

나는 이들이나 또는 다른 이들 안에서 다른 형태를 볼 수가 없었다.

이 군대들은 다섯 개의 다른 군대 주변을 하나의 왕관

너의 길을 알라 - Scivias

과 같은 형태를 이루며 정렬되어 있었다.

이러한 다섯 개의 군대 무리 중 첫 번째 무리에 있는 자들은 어깨로부터 아래에 이르기까지 대단한 광채를 내면서 빛나는 인간의 모습을 하고 있는 것처럼 보였다.

두 번째 군대 무리에 있는 자들은 그렇게 엄청나게 빛나고 있어서 나는 그것들을 볼 수가 없었다.

세 번째 군대 무리에 속한 자들은 하얀 대리석의 모습과 인간의 머리와 같은 머리를 갖고 있었는데, 그 위에 횃불들이 타오르고 있었고, 그들은 어깨에서부터 아래로 철 회색 구름으로 둘러싸여 있었다.

네 번째 군대 무리에 속한 자들은 인간의 형체와 같은 모습을 지녔고, 인간의 발과 같은 발을 가졌고, 그들의 머리에 투구를 쓰고, 대리석으로 된 제복을 입고 있었다.

다섯번째 군대 무리에 속한 자들은 그들의 외형상 어떤 인간의 모습도 지니지 않았고, 미명과 같이 붉게 빛나고 있었다. 나는 그들 안에서 어떤 다른 형태도 보지 못했다.

그러나 이러한 군대 무리들은 또한 다른 두 무리들 주변에 하나의 왕관과 같이 정렬해 있었다.

그러므로, 이러한 다른 군대 무리들 가운데서 첫 번째

에 있는 자들은 눈들과 날개들로 가득 차 있는 듯이 보였다. 각각의 눈 안에 하나의 거울이 나타났고, 각각의 거울에는 인간의 한 형태가 나타나고, 그들은 자신들의 날개를 천상의 높은 곳으로 들어 올렸다.

두 번째 군대 무리에 속한 이들은 불과 같이 타오르고, 많은 날개를 갖고 있는데, 그 속에서 그들은 교회의 모든 계층들이 하나의 거울 안에 순서에 따라 정렬되어 있는 것처럼 보여준다. 그러나 나는 이들 안에서나 혹은 다른 이들 안에서 다른 형태를 보지 못한다.

그러나 이 모든 군대 무리들은 하나님이 복된 영혼들 안에서 역사하시는 경이로운 것들에 대하여 놀랄만한 목소리로 온갖 종류의 음악을 노래하고 있었는데, 그 노래에 의해 하나님이 장엄하게 영광을 받으셨다.

그리고 하늘이 내게 말하는 목소리를 들었다.

1. 하나님은 놀라운 방법으로
   자신의 피조물을 만드시고 질서 있게 하셨다.

모든 세대 이전에 계셨고,
시작도 없으셨고,

모든 세대가 끝날 때도 존재하기를 멈추지 아니하실
전능하시고
말로 표현할 수 없는 하나님은
그분의 의지에 따라
경이로운 방법으로 모든 피조물을 창조하셨고,
그분의 의지에 따라
피조물을 각자의 자리에 위치시키셨다.

어떻게 그렇게 하셨는가?
하나님은 몇몇 피조물을 땅 위에 머물게 하시고,
몇몇은 천상의 영역에 거주하도록 명하셨다.
하나님은 또한 인간의 구원과
당신의 이름을 영광받게 하기 위해서
복 있는 천사들을 자리하게 하셨다.

어떻게 그렇게 하셨는가?
몇몇 천사들은
사람들이 필요를 느낄 때 돕는 일을 맡겼고,
몇몇은 하나님의 비밀스러운 심판을
사람들에게 보여주도록 하셨다.

그러므로 너는 하늘의 높은 곳에 있는 비밀스런 장소들에서 천상의 영들로 구성된 두 군대들을 보는데, 그들은 엄청나게 밝게 빛나고 있는 것을 본다.

그리하여 육체적인 눈이 꿰뚫어 볼 수는 없지만
내적인 시각으로만 볼 수 있는
비밀스런 장소들이 자리한 높은 곳에서
너에게 보여주었듯이,
이러한 두 무리의 군대는
인간의 몸과 영혼이
하나님을 섬겨야 한다는 것을 보여주는데,
이는 인간들이 천상의 시민들과 함께
영원한 복락이라는 찬란함을 갖게 될 것이기 때문이다.

2. 천사들의 모습과 그 의미

한쪽 군대의 무리에 속해 있는 자들은 자신들의 가슴 위에 날개들을 갖고 있었는데, 날개 앞쪽에는 사람들의 형태와 같은 모습을 지녔고, 사람들의 모습은 그 위에서 마치 맑은 물 속에 있는 것처럼 보였다.

이들은 천사들로서

자신들의 마음 깊은 곳에서
날개들과 같이 열망을 퍼지게 하는데,
천사들이 새들과 같이 날개를 갖고 있어서가 아니라,
천사들은 자신들의 열망 안에서
하나님의 의지를 빠르게 완수하기 때문인데,
이는 한 사람의 생각이 재빨리 퍼지는 것과 같다.
자신들의 형태를 통해
천사들은 스스로 이성의 아름다움을 보여주고,
이를 통해
하나님은 인간들의 행위를 면밀하게 조사하신다.
왜냐하면 자기 주인의 말을 청종하는 종은
주인의 말씀을 그분의 의지에 따라 수행하는데,
그래서 천사들은 인간들을 위해
하나님의 의지에 주의를 기울이고,
스스로 하나님에게 인간의 행동들을 보여준다.

3. 대천사의 모습과 그 의미

두 번째 군대의 무리에 속한 자들 역시 자신들의 가슴에 날개들을 갖고 있는데, 그것은 사람의 형태와 같은 모습을 보여주는데, 인자의 이미지가 그 안에서 마치 하나의 거울 안에서처럼 빛나고 있다.

이들은 대천사들인데,
그들은 자신들의 지성의 열망 안에서
하나님의 의지를 묵상하고,
스스로 이성의 아름다움을 보여준다.
대천사들은 가장 순결한 방법으로
하나님의 성육신하신 말씀을 크게 보여주는데,
그들은 하나님의 비밀스런 선언들을 알고 있으면서,
종종 하나님의 아들의 성육신이라는
신비를 미리 보여 주기 때문이다.

너는 이들이나 또는 다른 이들 안에서 다른 형태를 볼 수가 없다.

왜냐하면 천사들이나 대천사들 안에서
죽을 운명의 육체로 무겁게 짓눌려진 인간 지성이
이해할 수 없는
비밀스러운 많은 신비들이 있기 때문이다.

이 군대들 다섯 개의 다른 군대 주변을 하나의 왕관과 같은 형태를 이루며 정렬되어 있었다.

너의 길을 알라 - Scivias • 45

이것은 인간의 육체와 영혼이
　자신들의 힘이라는 덕을 통해
　인간의 다섯 가지 감각을 가지고 있으며,
　내 아들성자이 지닌 다섯 개의 상처상흔로
　인간의 감각들을 정화시키며,
　내면으로부터 다스리는 의로움 속으로 그것들을 이끈다는 것을 보여준다.

4. 덕들과 그 의미

　이러한 다섯 개의 군대 무리 중 첫 번째 무리에 있는 자들은 어깨로부터 아래에 이르기까지 대단한 광채를 내면서 빛나는 인간의 모습을 하고 있는 것처럼 보였다.

　이들은 덕Virtutes인데,
　덕은 신자들의 마음에서 솟아나며,
　열렬한 자선을 통해
　신자들 안에 고상한 탑을 세우는데,
　이것은 자신들의 행위를 의미한다.
　그 결과
　자신들의 이성을 통해
　신자들은 선택 받은 자들의 행위를 보여주고,

자신들의 힘을 통해
지복이라는 위대한 영광을 가지고
그들을 선한 결말로 이끈다.

어떻게 가능한가?
내적인 이해가 명확한 선택 받은 자들은
내^{하나님} 의지를 깨달음으로
이러한 덕을 통해 계몽을 받아
그들의 모든 사악한 악행들을 던져버리고,
악마의 덫에 대항해 맹렬하게 싸운다.
그리고 이러한 덕들은 중단 없이
자신들의 창조자인 내게
악마의 무리들에 대항한 이런 투쟁들을 보여준다.
왜냐하면 사람들은 자신들 안에서
고백과 부정이라는 투쟁을 하기 때문이다.

어떻게 가능한가?
이 사람은 나^{하나님}를 고백하고,
저 사람은 나^{하나님}를 부정했기 때문이다.
그리고 이런 투쟁을 통해 질문을 제기한다.
"하나의 하나님이 존재하는가, 그렇지 않은가?"

대답은 그 사람 안에 거하시는 성령으로부터 나온다.
하나님은 존재하고, 너를 창조하셨고,
또한 너를 구속하셨다.

이 질문과 대답이 어떤 사람 안에 머물러 있는 한,
하나님의 능력은 그에게서 부재하지 않을 것인데,
이 질문과 대답이 그와 함께 참회를 가져오기 때문이다.
그러나 이 질문이 어떤 사람 안에 있지 않을 때,
그것은 성령으로부터 온 대답이 아니다.
왜냐하면 그런 사람은 본인 자신으로부터
하나님의 선물을 몰아내며,
참회로 이끄는 질문을 하지도 않으면서,
자신을 죽음으로 던져버리기 때문이다.

덕이 이런 전쟁들이 만들어낸 전투들을 하나님에게 보여주는데, 그들은 하나님을 경배하거나 부정하는 의도를 하나님에게 보여주는 인장이기 때문이다.

5. 능력들의 모습과 그 의미

두 번째 군대 무리에 있는 자들은 그렇게 엄청나게 밝게 빛나고 있어서 너는 그것들을 볼 수가 없다.

이것들은 능력들^{Potestates}인데,
이는 약한 자들과 죽을 운명의 죄인들은
하나님의 능력이 갖고 있는
아름다움과 평온함을 이해할 수 없고,
그와 유사한 것이라도 얻을 수가 없는데,
이는 하나님의 능력은 실수가 없기 때문이다.

6. 권세자들의 모습과 그 의미

세 번째 군대 무리에 속한 자들은 하얀 대리석의 모습과 인간의 머리와 같은 머리를 갖고 있는데, 그 위에 횃불들이 타오르고 있고, 그들은 어깨에서부터 아래로 철 회색 구름으로 둘러싸여 있다.

이것들은 권세자들^{Principatus}인데,
그들은 하나님의 은총으로
이 세상 사람들의 통치자들이 된 자들이
자신들이 불안정한 약한 상태로 떨어지지 않기 위해
참된 정의의 능력을 가져야 한다는 것을 보여준다.
그들은 자신들의 머리가 되는
하나님의 아들 그리스도를 명상하고,
인간의 필요를 위한 그분의 의지에 따라

자신들의 정부를 운영해야 하고,
진리에 대한 열정을 갖고
성령의 은총을 추구해야 하는데,
자신들이 종말을 맞을 때까지,
그들은 공정한 힘을 가지고
확고하고 흔들리지 않게 계속 할 것이다.

7. 주관자들의 모습과 그 의미

네 번째 군대 무리에 속한 자들은 인간의 형체와 같은 모습을 지니고, 인간의 발과 같은 발을 가지고, 그들의 머리에 투구를 쓰고, 대리석으로 된 제복을 입고 있다.

이들은 주관자들Dominationes인데,
그들은 모든 존재의 주이신 그분이
인간의 이성을 고양시켰다는 것을 보여주는데,,
인간의 이성은 인간성이라는 먼지 속에서
땅에서 하늘에 이르기까지
오염된 상태로 놓여 있었다.
그때 하나님이 자신의 아들을 땅에 보내셨고,
그의 아들이 그분의 의로움 안에서
옛적 유혹자를 발 밑에 짓밟았다.

그리하여 신실한 자들은,
자신들의 희망을 하늘에 두고,
선한 행위에 대한 강력한 열망을 갖고
스스로를 강력하게 만들면서,
자신들의 머리가 되신 그분을
신실하게 본받아야 한다.

8. 보좌들의 모습과 그 의미

다섯번째 군대 무리에 속한 자들은 그들의 외형상 어떤 인간의 모습도 지니지 않고, 미명과 같이 붉게 빛나고 있다.

이들은 보좌들Throni인데,
인간의 구원을 위해
하나님의 유일한 독생자,
인간의 죄악에 의해 감염되지 않은 그분이
인간의 몸을 입고,
신성이 몸을 굽혀 인간이 되었다.
새벽에 성령으로 잉태되신 그분,
말하자면 복된 동정녀 안에서 [잉태되신 그분],
부정한 것은 어떤 것이든지 오점 하나도 없이
육체를 받으셨다.

너는 그들 안에서 어떤 다른 형태도 보지 못한다.

왜냐하면 인간의 연약함이 이해할 수 없는
천상의 비밀들이 지닌
많은 신비스런 것들이 있기 때문이다.

그러나 이러한 군대 무리들은 또한 다른 두 무리들 주변에 하나의 왕관과 같이 정렬해 있었다.

이는
자신들의 육체가 갖고 있는 다섯 개의 감각을
천상의 존재들에게 인도하는 신실한 자들이,
그들이 하나님의 아들이 지닌 다섯 개의 상처를 통해
구속 받았다는 것을 알고,
그들의 마음이 움직이고 일을 할 때마다,
그들이 마음의 쾌락을 무시하고
자신들의 희망을 내적인 것들에 두기 때문에,
하나님과 자신들의 이웃에 대한 사랑에
이르게 된다는 것을 의미한다.

9. 그룹들의 모습과 그 의미

그러므로, 이러한 다른 군대 무리들 가운데서 첫 번째에 있는 자들은 눈들과 날개들로 가득 차 있는 듯이 보인다. 각각의 눈 안에 하나의 거울이 나타나고, 각각의 거울에는 인간의 한 형태가 나타나고, 그들은 자신들의 날개를 천상의 높은 곳으로 들어 올린다.

이것들은 그룹들Cherubim인데,
그들은 하나님에 대한 지식을 상징적으로 나타내고,
그 지식을 통해
천상의 비밀들이 지닌 신비로움들을 보고,
하나님의 의지에 따라 자신들의 열망을 완성시킨다.
그들은 자신들이 갖고 있는 지식의 심오한 곳에서
가장 정결한 명료성을 소유하고서,
기적적인 방법으로
참된 하나님을 알고 있는 모든 존재들을 미리 보고,
그 위에서 모든 것 위에 존재하는 그분에게
고상하고 의롭게 솟아오를 날개와 같이
자신들의 마음의 열망을 지도하고,
머지 않아 사라질 것들에 강한 욕정을 느끼는 대신
영원한 것들을 사랑한다.

이는 마치 그들이 자신들의 열망이 지닌
고상한 마음으로 그런 모습들을 보여주는 것과 같다.

10. 스랍의 의미와 그 의미

두 번째 군대 무리에 속한 이들은 불과 같이 타오르고, 많은 날개를 갖고 있는데, 그 속에서 그들은 교회의 모든 계층들이 하나의 거울 안에 순서에 따라 정렬되어 있는 것처럼 보인다.

이것들은 스랍들^{Seraphim}인데,
이는 그들이 하나님에 대한 사랑 때문에 불타 오르고
하나님을 명상하기 위해
가장 큰 열망을 갖고 있듯이
빛나는 정결함을 가지고
자신들의 열망을 통해
세속적이고 영적인 계층들을 보여준다.
그것^{열망}은 교회의 신비스러움 안에서 번창하는데,
왜냐하면 하나님의 은밀한 것들을
그들 안에서 놀라운 방법으로 보여주기 때문이다.
그러므로 순수한 마음으로
신실함을 사랑하면서
영원한 생명을 추구하는 모든 자들은

하나님을 열정적으로 사랑해야 하고
자신들의 모든 의지를 다해 하나님을 받아들여야 하는데,
그들이 신실하게 본받는 자들이 누리는
기쁨을 얻기 위해서이다.

그러나 너는 이들 안에서나 혹은 다른 이들 안에서
다른 형태를 보지 못한다.

이는 인간들에게 보여질 수가 없는
복있는 영혼들이 지닌
많은 비밀들이 있다는 것을 말해주는데,
왜냐하면 그들이 죽을 운명을 갖고 있는 한,
영원한 것들을 완벽하게 이해할 수가 없기 때문이다.

11. 이 모든 군대들이 하나님이 복 있는 영혼들 안에서 행한 기적들을 노래한다.

그러나 이 모든 군대 무리들은, 네가 듣는 것처럼, 하나님이 복된 영혼들 안에서 역사하시는 경이로운 것들에 대하여 놀랄 만한 목소리로 온갖 종류의 음악을 노래하고 있는데, 그 노래에 의해 하나님이 장엄하게 영광을 받으신다.

하나님의 능력 안에서 복을 받은 영혼들은
묘사할 수 없는 소리로
천상의 공간에서
하나님이 당신의 성인들을 통해
온전하게 하신 경이로운 일들 안에서
자신들이 지닌 대단한 즐거움을 알게 하신다.
이것에 의해 성인들은
영광스런 방법으로 하나님을 위대하게 하고,
거룩함이 지닌 심연에서 하나님을 찾고,
구원의 즐거움을 노래한다.

천상의 비밀들을 목격하였던
나의 종 다윗이
다음과 같은 말로 증언하고 있다.

12. 이 주제에 대하여 시편 기자의 말

"의인들의 장막에는 기쁜 소리, 구원의 소리가 있음이여…" 시편118:15

그것은 다음과 같이 말한다.

육체를 발 아래에 두고 밟고
영혼을 고양시키는 자들이 지닌
즐거움과 기쁨의 노래는
변하지 않는 구원으로 더불어 불의를 거부하고
의로운 행위들을 하는 자들이 거주하는 곳에 알려진다.
그들은 악마의 유혹에 따라 악을 행할 수도 있지만,
거룩한 영감에 따라 진정으로 선을 행한다.

이것은 무엇을 의미하는가?
사람은 부적절하게 의도된 죄를 저지를 때
종종 적절하지 않은 환희를 누린다.
그러나 그런 상태에서 그는 구원을 얻지 못하는데,
그가 하나님의 명령에 반대했기 때문이다.
그러나 자신이 열렬히 바라는 선한 행위를
강력하게 하는 사람은
구원의 즐거움이라는 참된 환희 가운데서 춤출 것인데,
육체를 입고 있을 때
그는 진리를 방해하는 길을 질주하는 자들이 사는 집을
여전히 사랑했음에도 불구하고
거짓을 말하는 실수를 피했기 때문이다.

그러므로
성령과 신앙의 날개에 대한 지식을 가진 사람은
누구든지,
이 사람으로 하여금
나의 훈계를 무시하지 않도록 하고,
그것을 맛보아 포용하고,
자신의 영혼 안에 받아들이게 하라.

삶의 보상에 대한 책
Liber vitae meriorum

Liber vitae meritorum (삶의 보상에 대한 책)

힐데가르트가 루페르츠베르크Rupertsberg로 옮긴 후인 1158-1163년 사이에 기록한 이 책은 인간의 삶에 필수적으로 드러나는 35개의 악과 덕을 논하면서 인간의 윤리적 행동을 규정하는 서로 대조적인 힘들을 풀어나갔다. 그녀는 보기 흉한 악들의 모습을 먼저 열거하면서, 거기에 상응하는 덕목들을 마주해 제시했다. 각각의 악에 상응하는 덕은 냉정하고 분명한 목소리로 각각의 사악한 속임수나 기만을 어떻게 상대할 지와 그런 악들이 결국 맞이하게 될 운명을 보여준다. 이 책은 악과 덕의 상징적이고 은유적인 대화를 통해 참된 회개와 적절한 덕을 갖춘 삶으로 인도하는 실제적인 안내자로서 도덕적이고 목회적인 권면을 담고 있다.

첫 번째 부분의 머리말을 열면서

삶의 보상에 대한 책은
계시의 살아있는 빛으로부터 온
하나의 단순한 사람을 통해 시작한다.

1. 다음에 일어나는 일은 참된 비전이 '단순한 인간'인, 내게 보여진 이후 9년째 되는 해에 일어났는데, 여기서 참된 비전이란 내가 이전에 10년 넘게 수고했던 것^{Scivias}이다. 이는 그 비전이 '자연의 다양한 피조물들이 지닌 단순성'을 지위고하를 막론한 사람들을 위한 반응과 경고를 담아 내게 보여준 후 첫 번째 해였다. 그 비전은 또한 내게 '천상의 계시가 갖고 있는 조화로운 심포니'를 보여주었고, 문자로는 알려지지 않은 언어를 다른 몇몇 설명들과 함께 보여 주었다.

나는 육체적으로 아파 왔고, 참된 비전이 이러한 것들을 내게 보여주어 나로 하여금 그것들을 설명하도록 한 후에 9

년간이나 많은 일들로 인해 지쳐버렸다. 내가 60세가 되었을 때, 나는 강력하고 놀라운 또 다른 비전을 보았는데, 이를 위해 나는 5년간이나 수고를 했다.

2. 내가 61살이 되었을 때, 주님이 성육신 하신 후 1158년에, 내가 교황청으로부터 압박을 받고 있었을 때, 프레드릭이 로마의 황제로 통치하고 있었을 때에, 하늘로부터 내게 말하는 하나의 목소리를 들었다.

"유아시절부터 너는 육체적으로가 아니라 영적으로
주의 성령을 통해 참된 비전으로 가르침을 받아왔다.
네가 지금 보고 듣는 이러한 것들을 말하라.
왜냐하면,
네가 보았던 첫 번째 비전으로부터 몇몇 비전들이
마치 액상 우유처럼 네게 보여졌기 때문이다.
그러나, 다른 비전들은
달콤하고 부드러운 음식처럼 너에게 알려졌다.
그러나, 여전히 다른 비전들은
견고하고 완전한 음식처럼 네게 나타났다.
그러므로, 이제 너 자신을 따라서가 아니라
나를 따라서

말하고 기록하라."

나는 앞선 비전들에서 말한 것처럼
내가 개인적으로 추구했고 발견했던
그 사람의 증언을 기록하려고 내 손을 준비했다.
또한 내가 이 증언을 기록하는 데 나를 도와준
젊은 처녀리카르디스가 있었다.
그리고 나는 다시금 하늘에서
이런 방법으로 내게 말하고
나를 가르친 하나의 목소리를 들었다.

제1부가 시작하다

동쪽과 남쪽을 바라다보는 사람에 관하여

3.   나는 키가 매우 큰 한 사람을 보았는데, 그는 하늘의 구름들의 정상에서 심연 바로 아래까지 도달했다. 그의 양 어깨로부터 위로는 가장 맑은 에테르ether 속에 있었다. 그의 어깨에서부터 허벅지까지는 하얀 다른 구름 위에 있는 구름들 아래에 있었다. 그의 허벅지에서 무릎까지는 지구의 대기 속에 위치해 있었다. 그의 무릎에서 다리의 종아리까지

는 땅 안에 있었다. 그의 종아리에서 발의 발바닥까지는 심연의 물 안에 있었는데, 심연 위에 서 있었다.

그는 동쪽을 향해 방향을 돌려서, 동쪽과 남쪽을 보았다. 그러나 그의 얼굴은 대단히 찬란하게 빛나서, 나는 그의 모습 전체를 볼 수 없었다.

그의 입에는 또한 하얀 구름이 있었는데, 하나의 트럼펫과 같아 보였고, 빠르게 소리가 나는 온갖 종류의 소리들로 가득 차 있었다.

이 사람이 공기를 하얀 구름 속으로 불자, 그 구름은 세 개의 바람을 내보냈다. 첫 번째 바람은 세 개의 구름을 붙들고 있었다: 불타는 구름, 폭풍 같은 구름, 빛과 같은 구름. 그러나 두 개의 다른 바람은 자신들의 구름과 함께 그의 가슴 아래로 내려왔는데, 거기서 그들은 자신들의 바람을 확장시켰다. 그러나 그의 얼굴 앞에 남아있었던 바람은 동쪽에서 서쪽으로 확장했다.

4. 불타는 구름 안에는 불에 타오르는 한 무리가 살았는데, 그는 하나의 의지와 하나의 연합된 존재로 하나의 생명을 갖고 있었다. 그들 모습 안에는 깃털들로 가득한 글을 쓰는 판이 하나 있었는데, 그 서판은 하나님에 대한 인식을 갖고 날았다. 하나님에 대한 인식이 하나님의 지식이 자신의

비밀들을 기록했던 글을 쓰는 서판을 들어올렸는데, 이 무리는 하나로 통합된 열정을 갖고 그 서판을 바라다 보았다. 그들이 서판을 보았을 때, 하나님의 덕이 그들에게 부여되어, 그 결과 그들은 소리가 매우 큰 트럼펫과 같이 온갖 종류의 음악을 하나의 소리에 맞추어 발산했다.

5. 그 이전에 폭풍 같은 구름을 갖고 있는 바람은 자신을 따라 남쪽에서 서쪽으로 구름을 확장하고 있었는데, 결과적으로 그 구름의 넓이와 길이가 인간의 지성으로 이해할 수 없는 하나의 거리와 같았다. 더욱이 이 구름 안에는 매우 많은 복자의 무리들이 있었다. 그들은 생명을 지닌 모든 영들을 갖고 있었고, 그 누구도 그들을 파괴할 수 없었다. 그들의 목소리는 다음과 같이 말할 때 격하게 흘러가는 물과 같은 소리를 냈다.

"우리는 이 바람의 근원이 갖고 있는 의지에 따라 다양한 장소 안에 거하도록 배정되었다. 그러나 우리는 언제 우리들이 거주할 장소들을 받을 수 있을까? 만약 우리가 거기에 이미 거주하고 있었다면, 지금 우리가 하는 것보다 더 즐거워할 것이다."

6. 그러나 불타는 구름 안에 있는 무리들은 노래하는 자들의 목소리로 다음과 같이 그들에게 대답했다.

"거룩한 분신성이 자신의 트럼펫을 잡았을 때, 그는 번개와 천둥과 불을 땅 위에 보낼 것이다. 그는 또한 태양 안에 있는 불을 잡을 것인데, 그래서 땅이 요동할 것이다. 이것은 하나님이 자신의 위대한 이적들사인들을 계시하기로 결정했을 때 일어날 것이다. 그리고 그는 자신의 트럼펫을 통해 온갖 다양한 언어로 세상의 모든 사람들에게 말씀 하실 것이다. 그리고 트럼펫에 의해 주목을 받은 자들은 그러고 나서 자신들이 거주할 공간들을 받게 될 것이다."

7. 그 위에 빛과 같은 구름이 있던 바람은 이 구름과 함께 자신을 동쪽에서 북쪽으로 펼쳐갔다. 서쪽에서 온 광대한 어두움이 대단히 조밀함과 공포감을 갖고 빛과 같은 구름 쪽으로 펼쳐졌다. 그럼에도 불구하고, 그것은 빛과 같은 구름을 넘어서 통과할 수가 없었다.

태양 안에는 사자 한마리가 있었고, 달에는 전갈 하나가 있었다. 태양은 하늘 위와 하늘 안과 땅 위와 땅 아래에 빛났는데, 그것은 솟아나 앞으로 나갔고 지면서 되돌아갔다. 그러나 태양이 나아가면 사자도 태양과 함께 갔고, 많은 것들을 약탈했다. 그러나 태양이 졌을 때, 사자도 태양과 함께 되돌아 갔고, 많은 이들에게 즐거움을 되돌려주었다. 그 안에 전갈을 갖고 있는 달은 점차적으로 태양을 따라서 전갈과 함께 솟아나서 졌다. 그 바람이 불었고, 다음과 같이 말했다.

"한 여인이 새로 태어날 아이를 가질 것이고, 전갈은 북극성의 일곱 별들에 대항해 싸울 것이다."

8. 어두움 속에는 하나의 거대한 무리의 잃어버린 영혼들이 있었는데, 그들은 모두 동요되어 있었다. 이 영혼들은 남쪽에서 노래를 부르는 자들로부터 외면을 당했는데, 자신들이 노래를 부르는 자들과 친구가 되기를 원하지 않았기 때문이다. 그들의 지도자는 유혹자였다. 그들은 악마를 따랐는데, 그들에게 있어서 그리스도의 고난이 악마의 리더십보다 더 중요하지 않았기 때문이다. 그들 모두는 다음과 같이 말하며 비참하게 울부짖었다.

"아, 유감스럽게도, 악마가 역겹고 공포스러운 활동으로 생명을 저버리고, 우리에게 죽음을 주었다."

9. 그리고 나는 북쪽에서 오고 있는 구름 하나를 보았는데, 그것은 스스로를 어두움 속으로 확장했다. 그것이 태양을 만지지도 않고 자신을 태양에게 보여주지도 않았기 때문에, 모든 기쁨과 행복을 바짝 마르게 하였다. 그 구름은 이곳 저곳을 배회하는 사악한 영들로 가득 차 있었다. 그들은 사람들을 위해 덫을 고안해 내었지만, 그들이 앞에서 언급

한 사람에 대하여 생각했을 때 얼굴이 붉어졌다. 그리고 나는 옛적의 뱀이 다음과 같이 자신에게 말하는 것을 들었다.

"나는 나의 힘의 능력들을 하나의 요새로 준비할 것이고, 내 모든 힘을 다해서 적들과 싸울 것이다."

그는 자신의 입에서 많은 불결한 것들로 이루어진 거품을 뿜어내었고, 사람들에게 저주를 퍼부었다. 그는 다음과 같이 말하며 사람들을 자극하고 비웃었다.

"아, 빛이 하는 일들을 통해서 스스로를 태양이라고 부르는 자들을 속이 메스껍고 무지몽매하게 만들고 어두움 속에서 공포스럽게 만들 것이다."

그는 그의 입에서 매우 역겨운 안개를 토해냈는데, 그것은 가장 검은 연기처럼 땅을 덮었다. 그리고 매우 크고 불쾌하게 만드는 천둥이 다음과 같이 말하며 안개 속에서 요란한 소리를 냈다.

"만약 그가 하나님을 보지 못하거나 알지 못한다면 그 어떤 사람도 다른 하나님을 공경해서는 안 된다. 왜 자신이 알지도 못하는 자에게 관심을 기울여야 하는가?"

그러나 안개 안에서 나는 다양한 죄를 보여주는 많은 이미지들을 보았다. 나는 이어지는 방법으로 그들 중 일곱 개를 보았다.

삶의 보상에 대한 책 - Liber vitae meriorum • 67

첫 번째 예
1. 세상적인 것들에 대한 외적인 사랑

10. 첫 번째 모습은 이디오피아에서 온 흑인과 같았는데, 그는 벌거벗은 상태였다. 그는 많은 줄기와 가지를 갖고 그 위에 많은 종류의 꽃을 피운 거대한 나무 밑동을 팔로 감싸고 있었다. 그는 이렇게 많은 꽃들을 꺾어 손에 쥔 체로 말했다.

"나는 세상의 모든 왕국을, 그들이 지닌 위대함과 함께 내 손 안에 쥐고 있다. 내 손 안에 이러한 모든 녹색의 풍요로움viriditas/greenness을 갖고 있는데, 왜 내가 시들어져야 하는가? 내가 젊어질 수 있는데, 왜 늙어야만 하는가? 왜 내가 실명하여 시력을 잃어야 하는가?

이런 일이 일어난다면, 나는 당혹스러워 할 것이다. 나는 가능한 한 이 세상의 아름다움에 매달려 있을 것이다. 내가 결코 보지도 못했는데, 다른 삶죽음 이후의 삶에 대하여 언급하는 말을 나는 이해할 수가 없다."

그런데 그가 이 말을 하고 난 후에,
그 나무의 뿌리가 말라서
위에서 언급한 어둠 속으로

그 나무가 무너져버리고 말았다.
나무가 무너질 때,
이 이미지 역시,
나무와 함께 어둠 속으로 사라져 버렸다.

2. 이에 대한 천상의 사랑의 반응

11. 나는 앞에서 언급한 폭풍 구름으로부터, 하나의 목소리가 이 이미지에게 외치는 것을 들었다.

"네가 이 세상에 살기를 원하다니, 너는 멍청하구나. 너는 이 젊음이라는 아름다움이 영원히 지속되고 나이를 먹는 것이 결코 오지 않는 삶을 찾지 않는구나. 너는 어떠한 빛도 소유하고 있지 않고, 오히려 검은 안개에 둘러싸여 있구나. 너는 인간의 의지를 가지고 있구나. 너는 습지가 말라버릴 때까지 오직 잠시 동안만 사는 한마리 벌레와 같구나. 그래서 너는 네 손에 쥐고 있는 모든 꽃들과 함께 파멸이라는 호수 속으로 무너져버릴 것이다."

"그러나
나는 천상의 조화를 지탱하는 기둥이다.

나는 삶의 모든 기쁨을 제공하고,
생명을 버리지 아니하고,
모든 죄를 발 아래 짓밟아 버린다.
그와 같이, 나는 너를 경멸한다.
왜냐하면,
나는 충실한 자들이 갖고 있는
모든 덕을 지키는 망대와 같기 때문이다.
그러나 너는 어둠 속으로 달려 들어가
너의 손으로 무기력하게 일을 하는구나."

67. 세속적인 사랑에 대하여 [해석]

80. 첫 번째 이미지는 세속적인 사랑을 상징적으로 나타내는데, 유혹자가 사람들 속으로 처음으로 세속적인 것들에 대한 사랑을 쏟아 부으면서, 그들이 다른 죄를 짓도록 이끌었기 때문이다. 이 첫번째 이미지는 이디오피아에서 온 흑인과 같은 인물이다. 이는 스스로 세속적인 욕망에 잔뜩 휘감겨 있어서, 그가 어떤 명석함이나 총명함을 갖기를 바라지 않는다는 것을 의미한다.

그는 벌거벗었고, 많은 줄기와 가지들을 갖고 있는 나무 밑동을 안고 있었다. 이는 그가 어떤 복된 의복도 걸치고 있지 않다는 것을 보여주며, 마치 자신들을 보호하고 있는 것으로부터 밖으로 뻗어 나온 가지들처럼 특정한 죄들을 담고 있는 자신의 일과 걸음걸음에서 허영이 지닌 힘을 이해하고 있다는 것을 보여준다.

이 나무가 다양한 많은 종류의 꽃으로 가득차 있다는 것은 이런 허영과 허영에서 솟아나오는 죄들 가운데서, 온갖 종류의 허영이 세상에 도달하는 것을 뜻한다. 손으로 이러한 많은 꽃들을 꺾어 손에 쥔다는 것은 사람이 세상적인 사랑이 지니는 허영을 생각할 때 그런 것들을 바라기 때문이며, 커다란 기쁨을 가지고 꽃들을 마주하러 올 때에 그가 자신의 의지에 따라 이런 허영을 스스로 받아들이는 것을 뜻한다. 이러한 죄에 대하여는 이미 이야기를 했다.

나무의 뿌리가 마르고 나무가 어둠 속으로 넘어진다는 것은 위에서 언급했다. 나무가 넘어질 때, 이 이미지 또한 나무와 함께 어두움 속으로 넘어진다. 이는 완전히 반역을 일으키는 허영이, 악마가 머무는 불성실이라는 어둠 속으로 넘어지는 것을 뜻한다. 세상을 선택하고 영원한 삶을 경멸하는 자들은 모두 허영과 함께 동시에 무너지고, 그들은 허영이 자신들과 함께 무너지는 것을 막을 수 없다. 허영이 이렇게 무너질지라도 자신들이 세속적인 것들에 그토록 강하게 집착했기 때문에 무너졌다는 사실을 믿지도 못하고, 천상의 것들 중에 어떤 것도 알지 못한다. 천상의 사랑은 위에서 언급한 것과 같이 허영에 대하여 반응한다.

81. 세속적인 사랑에 관하여 [보완 설명]

95. 세속적인 사랑은
하나님을 두려워하지 않고,
그를 선택하지도 않으며,
자신을 기쁘게 하는 것은 어떤 것이든지
스스로를 향해 끌어들인다.
그는 피조물 가운데서 찾은 모든 것에 대하여
하나님 앞에서 담대하게 변명을 늘어 놓으면서,
이것들은 사용하라고 창조되었다고 말한다.

뿐만 아니라,
그는 두려워해야 할 하나님을 두려워하지 않으며,
하나님의 의지를 따르기보다
자기 자신의 독특한 의지를 따른다.
그는 육체적인 것에 대한 욕망을
포기하기를 원치 않기 때문에
하나님을 선택하지 않는다.

그는 하나님에 대한 사랑 때문에
스스로를 억제하지 않고,
대신에 세상을 온전히 받아들인다.

지혜의 영으로 충만한 솔로몬은
이러한 사랑에 반대해 다음과 같이 말한다.

82. 솔로몬의 말

96. "지혜의 충만함은 주님을 경외하는 것이다.
 지혜는 지혜가 갖고 있는 열매들로 사람을 취하게 한다."

시라크 1:16

두 번째 예

〈화와 인내〉

21. 여섯 번째 이미지는 사람의 얼굴을 가졌고,
    그 입이 전갈의 입과 같고,
    그 눈들이 너무 뒤틀려서
    [눈의] 하얀 부분이 보라색 부분보다 더 컸다.
    그의 팔은 사람의 것들과 같았으나,
    그 손들은 뒤틀렸고,
    기다란 손톱을 갖고 있었다.
    그의 가슴은 앞뒤로 게와 같았고,
    정강이는 메뚜기의 것과 같았고,
    발은 독사의 발과 같았다.

    그것은 회전하고 있는 바퀴 안에 뒤엉켜 있어서,
    손으로는 위쪽 테두리를 잡고,
    발로는 아래쪽 테두리를 잡고 있었다.
    머리엔 머리카락이라곤 하나도 없었고,
    입에서 불 같은 말이 굽이쳐 나올 때는
    벌거벗은 것과 같아 보였다.

11. 화가 쏟아내는 말

22. "나를 헤치는 것은 어떤 것이든지,
내 발 밑에 던져 밟아 버릴 것이다.
왜 내가 상처를 입어야 하지?
네가 하고 싶은 것은 무엇이든지 해 보렴,
그러나 나를 화나게 만들지는 말라.
그리고 내게 대항하는 것은 어떤 것도 하지 말라.
왜냐하면 네가 내게 상처를 입힐 때마다
내 칼을 이용해 너에게 상처를 입힐 것이고,
내 막대기로 너를 두들겨 줄 것이다."

12. 인내의 대응

23. 나는 다시금 구름으로부터 한 목소리가
이 이미지에 대하여 말하는 것을 들었다.

"내가 높은 곳에서 선포하고,
내 음성이 땅에 도달했도다.
나는 땅 위에 발삼^{진통제}을 뿌려 놓았다.
너^화는 협잡꾼이구나.
너는 피를 마셨도다.

너는 항상 어두움 가운데 머물러 있구나.

그러나 나는
푸른 잎을 가져오고,
모든 덕이 맺을 수 있는 꽃과 열매를 만들어내는
향긋한 공기이다.
나는 사람들의 마음 속에 모든 덕을 세운다.
내가 인내하기 때문에
나는 내가 시작한 모든 것을 완성한다.
나는 누구도 발 아래 짓밟지 않을 것이다.
나는 평화롭게 지내며,
누구도 나를 저주하지 않는다.

네가 너의 탑을 세울 때,
나는 말 한마디로 그것을 파괴할 것이며
그 안에 있는 모든 것을 흩어버릴 것이다.
너는 파괴되고 말 것이다.
그러나,
나는 영원히 남아 있을 것이다."

72. 화에 대하여[해석]

85. 여섯 번째 이미지는 진실로 화를 선언하는데, 나태함은 책망을 받을 만하기 때문에 화는 나태함의 이웃으로 등장한다. 책망이 화의 불길을 일으켜서 결과적으로 화가 화염을 일으켜 책망을 불태워버린다. 이 이미지는 사람의 얼굴을 갖고 있는데, 화가 사람 안에서 일어나 그를 악한 존재로 만들기 때문이다.

그것을 제외하고 그 입은 전갈의 모습과 같은데, 이는 독으로 죽음을 야기하는 '뭉개버리는 살인자'와 같다는 것을 뜻한다. 그의 눈들은 몹시 뒤틀려 있어서 하얀 부위가 보라색 부위보다 큰데, 이는 성난 의도가 야기하는 질병이 평정이 가져오는 의보다 더 크다는 것을 의미한다.

사람이 화가 날 때, 그는 자신이나 남들에 대해 생각하는 대신에 자신이 맹인이나 되듯이 정의에서 머리를 돌려 분노의 폭풍을 내보낸다. 그의 팔은 사람의 팔과 같은데, 분노는 하나님을 경외하는 것과 연결되어 있지 않고 악을 알고자 하는 인간의 능력과 연결되어 있는데, 악마는 인간이 행하기를 원하는 것에 영향을 미치기 때문이다. 그러나 인간은 생각과 고민과 행동을 통해서 자신의 문란함을 만들어 내기 때문에 그런 문란함을 공개적으로 볼 수 있다.

비이성적인 동물들은 때로 너무 시끄럽게 소리를 지르는데, 자신들이 생각할 능력을 갖고 있지 않기 때문에 때로 다른 것을 공격하려 한다. 또한 이들은 자신들이 다른 어떤 것들로부터 공격을 받을지 모른다고 두려워하기 때문에 때론 굉장히 많은 소리를 질러댄다. 어떤 때는 자기들이 배가 고프기 때문에 다른 것들을 공격해 죽이기도 한다.

그러나 사람은 자신의 친구들이나 적들을 공격하기 위해 화가 지닌 사악함을 이용한다. 사람이 행하는 선의 양에 비례해 다른 사람에게 악을 가져온다. 그의 손이 비틀어져 마디가 져있고 긴 손톱을 갖고 있는데, 이는 대단한 광기를 지니고 그가 다른 사람의 일을 공격할 때 탐욕스럽게 앞으로 구부려 뻗어가려는 것을 뜻한다. 그의 가슴이 앞뒤로 게의 가슴과 같다는 것은 화가 난 사람은 기존의 기관들이 갖고 있는 평강, 법, 의로움, 그리고 자신에게 안정성을 가져다 줄 수 있는 모든 것을 알지 못한다는 것을 뜻한다.

뿐만 아니라 그의 분노와 난폭한 도발 충동은 스스로를 영적인 음식이나 하나님의 계명들에 만족하지 못하게 만든다. 그는 바르고 의로운 모든 것들과 온화한 동기가 지닌 절제와 관대함을 자기 밖으로 던져 버린다.

그런 사람은 마치 게와 같이 악으로 굽이친 길을 따라 뒤로 서둘러 도망치기 쉽고 악을 향해 쉽사리 뒤로 물러간다. 그 정강이가 메뚜기의 것과 같고, 그 발은 독사의 발과 같은데, 이는 사람이 정강이를 통해 헛된 영화를 보여주고 자신의 걸음걸이에서 질투를 보여주는 것을 뜻하는데, 교만이라는 헛된 영화로 정의를 건너 뛰어 버리고, 질투라는 것으로 많은 것들을 산산조각 내기 때문이다.

이 이미지는 회전하고 있는 바퀴 안에 엉켜 있는데, 사람이 자기만의 특별한 의지에 안주해 자기 자신의 마음만 따르기 때문에 바른 길을 따라 걷지 않는 것을 뜻한다. 그것은 손으로는 바퀴의 가장 자리 위쪽을, 발로는 가장 자리 아래 쪽을 잡고 있다. 이는 사람이 자신의 의지가 갖고 있는 자유를 칭송하면서 담대하게 일을 하기 때문에 자신의 의지로 닳아 없애버린 것 위에 발자국을 딛고 있는 것을 뜻하는데, 이는 그가 의가 아니라 사악함에 도달하기 때문이다.

이 이미지는 머리에 털이 하나도 없는데, 화는 사람으로 하여금 선한 명성이나 건강한 지성이 갖고 있는 영예를 모르게 하기 때문이다. 그가 갖고 있는 화는 선한 것과 옳은 것이 무엇인지를 생각할 겨를도 주지 않는다. 이 이미지가 벌거벗고 있다는 것은 그런 사람은 교정이라는 의복을 전

삶의 보상에 대한 책 - Liber vitae meriorum • 79

혀 입고 있지 않으며, 오히려 자신의 분노가 남용되는 것을 때로 보여준다. 이 이미지가 그 입에서 불 같은 말들을 퍼부어내는 것은, 이런 죄가 위에서 말할 때 보여주었던 것처럼, 마치 사람이 화가 나고 하나님에 대하여 잊어 버릴 때 사악함이 분출해내는 복수심으로 타오르고 불꽃 같은 말들을 쏟아 내기 때문이다.

그러나, 하나님의 인내는 그의 완고한 분노를 나무라신다. 이는 마치 야곱이 자신들의 분노 때문에 사람들을 살육한 두 아들에게 비슷한 논조로 이야기 한 것과 같다.^{창세기 49: 5-7}

97. 화난 자들에 대한 심판

115. 나는 불과 같이 끓고 있는 폭풍우 같은 대기를 보았다. 그 아래에 불결하게 썩은 것들로 가득한 넓고 검은 호수를 보았는데, 그 얼굴에 눈을 하나만 가진 뱀들이 자기들의 꼬리로 이 썩은 것을 때려 부수는 것을 보았다. 화를 지니고 있으면서 자신들이 살아 있었을 때 화를 버리지 못한 자들은 이렇게 불결하게 썩어 있는 것들과 뱀들을 통해 고통을 당할 것이며, 대기 가운데 있는 불로 태워질 것이다. 그들은 확고한 분노를 갖고 결코 끝나지 않는 화를 보여주었기 때

문에, 그들은 이 불결한 것들과 호수에 있는 뱀들로 인해, 그들의 화 때문에 생긴 불결한 것들과 그들의 증오 때문에 생긴 뱀들에 의해 고통을 받을 것이다. 그들은 대기 가운데 있는 불에 의해 고통을 당하는데, 그들이 자신들의 화를 분노로 채울 것이기 때문이다.

하나님의 창조에 대한 책
Liber divinorum operum

"인간의 본성에 대하여"
Book I.3

Liber divinorum operum (De operatione Dei, 하나님의 창조에 대한 책)
힐데가르트가 인생의 후반부인 1163-1174에 쓴 책으로 광대한 우주론을 담고 있다.
이 책은 창조에서 종말까지, 대 우주에서 인간으로 상징되는 소우주에 이르는 10개의
비전을 담고 있다.

인간의 본성에 대하여

보라, 나는 동풍과 남풍이 각자의 옆바람과 함께 강력한 돌풍으로 창공firmenta을 움직여 지구 주변을 따라 동쪽에서 서쪽으로 돌도록 만들었다. 여기 서쪽에서 서풍과 북풍이 각자의 옆바람들과 함께 창공을 붙잡았다. 창공은 불어오는 바람들에 이끌려 갔고, 땅지구 아래에서 서쪽에서 동쪽으로 뒤쪽을 향해 던져졌다.

나는 또한 그때부터 날들이 더 길어지고, 위에서 말한 남풍이 남쪽으로 부는 옆바람과 함께 점차적으로 북쪽 방향을 향해 높게 솟아 오르는 것을 보았는데, 마치 날들이 다시 한번 보다 길어질 때까지 바람들이 창공을 아래로 곤두박질치게 만든 것과 같았다. 그리고 나서, 날들이 다시 한번 보다 짧아지려고 할 때 태양이 밝게 빛나는 것을 싫어한 북풍과 그 옆바람이 태양을 뒤쪽으로 몰아냈다. 그 바람은 창공을 점점 더 아래쪽으로 밀쳐내어, 남풍은 낮의 길이가 더 길어진 날들이 시작할 때에 다시 한번 솟아오르기 시작했다.

　나는 또한 위쪽에 있는 불 안에서 모든 창공을 동쪽에서 서쪽으로 감싸고 있는 하나의 원이 어떻게 나타나는지를 보았다. 이 원의 서쪽 측면에서부터 하나의 바람이 나타나서, 7개의 행성들이 창공의 움직임에 반대해서 배회하도록 강요했다. 이 바람과 다른 바람들이 땅을 향해 불지는 않았다. 이전에 언급한대로, 그들은 단순히 행성들의 경로를 적절하게 만들어주었다.

　그리고 나서 나는 인간 유기체 안에 있는 체액들humors이 바람들과 대기의 다양한 특징들에 의해, 즉 그러한 특징들이 서로서로 갈등을 일으키자마자 어떻게 분배되고 변화되는지를 알았는데, 그것은 체액들 자체가 이와 같은 동일한 특징들을 취하고 있기 때문이다. 그 특징에 상응하는 대기 부분이 위쪽에 있는 각각의 요소에 속해 있고, 그리고 대기 부분은 그 요소에 의해 바람의 힘을 통해 돌고 있다.

　만약 이것이 그렇게 되지 않는다면, 그 요소는 움직여지지 않을 것이다. 태양과 달과 별들의 도움으로, 세상을 정확하게 이끄는 대기 부분이 각각의 요소로부터 방출된다. 그러나 만약 이러한 요소 중에 어느 것 하나라도 세상의 어느 한 지역을 향해 단 한번이라도 동요된다면 그것이 태양의 궤도가 타오르는 결과이든지 하나님의 명령에 의한 것이든지 간에, 이런 요소는 바로 그 대기의 특별한 움직임의 결과로 움직이기 시작할 것이다. 그리고 나서 이 요소는 그 대기 층으로부터 우리가 바람이라고 부르는 하나의 호흡을 위에서 언급한 대기의 보다 낮은 층으로 발산할 것이다. 이 바람은 즉시 그 대기와 섞이게 되는데, 왜냐하면 그 바람이 부분적으로는 이와 같이 바람이 잘 통하는 물질로부터 생겨나고, 어느 정도는 그것과 비슷하기 때문이다.

그리하여 바람은 인간 존재에 영향을 미친다. 그런 접촉을 통해 이런 사람들의 체액들이 바람과 대기의 종류에 따라서 종종 바뀌는데, 이는 그것들이 동일한 본성을 갖고 있기 때문이다. 때로는 그러한 변경이 개개인들을 약하게 만들 수도 있고, 다른 경우에는 사람들을 강하게 만들 수도 있다.

나는 다시 위에서 언급한 특징들을 가진 바람 중의 하나가 어떻게 지구의 특정 장소에서-태양과 달의 불규칙한 궤도 때문이든지, 하나님의 명령 때문이든지 간에- 그 대기 부분과 적절히 혼합된 결과로 그렇게 자극을 받아 바람이 그 장소로 자신의 숨결을 내보냈는지를 보았다. 그 결과 바람이 세상을 가로질러 휩쓴다. 그리고 바람이 자신의 완화시키는 능력으로 세상에 있는 모든 생명을 보존하듯이, 이 숨결호흡은 또한 인간들에게 우리 체액들의 상태 때문에 하나의 변화하는 존재를 부여한다. 우리 인간의 본능적인 성질들이 세상의 숨결과 상응할 것인데, 인간은 이렇게 변화된 공기를 들이쉬고 다시금 뱉어 내어 영혼이 이 숨결을 받아들여 신체의 더 깊숙한 내부까지 이동시키고, 그러고 나면 우리 신체의 체액들이 변화된다. 가끔 그런 체액들은 이전에 언급했듯이 우리를 병들게도 하고, 건강을 가져다 주기도 한다.

체액들은 마치 표범처럼 행동해서 때로는 우리 안에서 난폭하게 울부짖고, 다른 때는 보다 조용히 있기도 한다. 우리 안에서 그런 체액들은 게처럼 가끔 앞으로 기어가기도 하고 뒤로 기어가기도 하면서, 이렇게 우리들이 가진 변화의 가능성을 상징적으로 보여준다. 체액들은 수사슴처럼 행동하기도 하는데, 수사슴이 뛰어 나아가는 것은 모순을 의미한다. 체액들은 또한 다른 경우에는 늑대가 가진 약탈하는 성질을 스스로 보여준다. 그리하여 이미 언급했듯이 그들은 때로 수사슴처럼, 다른 때는 게처럼 때로 우리를 괴롭힌다. 그들은 또한 자신의 정복당할 수 없는 힘을 과시하기를 원하는 사자처럼 행동하거나, 뱀을 닮아서 얌전히 있거나 화를 내기도 한다. 그들은 양처럼 순하게 가장하기도 한다. 그들은 가끔 성난 곰처럼 우리 안에서 으르렁거릴지 모른다. 위에서 언급했듯이, 그들은 종종 양이나 뱀처럼 행동하기도 한다. 그리하여 인간의 조직이 갖고 있는 체액들의 시스템이 다양한 여러 방법으로 변화한다.

이런 방법으로 변화하여, 체액들은 가끔 인간의 간에 도달할 수 있다. 이 기관^간 안에서, 뇌로부터 나와서 영혼의 능력들에 의해 균형을 유지하고 있는 우리의 인식이 시험을 받는다. 그러나 두뇌의 이슬은 우리의 간에 영향을 미쳐서 간이 살이 찌고, 강력해지고, 건강해질 수 있다. 정확하게 말해서, 우리 몸의 오른쪽에는 간이 열을 담아내는 거대한 저수지처럼 자리하고 있는데, 이는 마치 우리 오른손이 또한 계획을 세우거나 행동을 취하는데 빠른 것과도 같다. 우리 몸의 왼쪽에는 심장과 폐가 있는데, 그들은 간이 자신의 기능을 제대로 하도록 강화시켜주고, 마치 오븐에서 꺼내듯이 간으로부터 열을 빼낸다.

이제 마치 간의 혈관이 이런 방식으로 배분된 체액들에 의해 영향을 받듯이, 체액들은 귀의 기관^{혈관}에도 충돌을 일으켜 때로 듣는 데 문제를 일으키기도 하는데, 사람 안의 좋은 건강과 병은 가끔 우리의 듣는 능력의 결과로 생긴다. 비슷하게, 행복한 환경들은 우리가 불운을 만나 슬픔에 처박혀 있을 때에도 종종 우리에게 기쁨을 제공해 준다.

하나님의 창조에 대한 책 - Liber divinorum operum

나는 또한 어떻게 그러한 체액들이 때로 우리 배꼽에 도달하려고 애쓰는 지를 본다. 배꼽은 또한 우리 내부의 기관들이 위치한 곳인데, 배꼽은 온화한 규제를 받고 있어서 해체되지 않는다. 배꼽은 또한 이러한 기관들 안에서 연결하고 있는 고리들을 보호하고, 그들을 따뜻하게 하고, 그들의 혈관을 통해 적절한 혼합을 유지해 준다. 체액의 영향을 받아, 배꼽은 내부 기관들을 움직이게 해주는데, 그렇지 않으면 인간들이 살 수 없기 때문이다. 이러한 체질들은 또한 성기관에까지 도달하는데, 성기는 때로 유쾌해지기도 하지만 가끔은 속이기도 하고 위험해지기도 하는데, 그것은 힘줄과 혈관에 의해 조절된다.

체액들 안에는 또한 이성이라는 재능이 꽃 피우는데, 그 결과 인간이 무엇을 해야 하고 무엇을 해서는 안 되는지를 알게 된다. 그러므로, 성기가 간과 인간의 호흡하는 숨결로 신체의 오른쪽이 따뜻해지고 강해지면 사람들은 성적 활동을 통해서 즐거움을 취한다. 이런 방식으로 우리 인간은 다른 체액들이 갖고 있는 충동을 제어하고 우리 행동을 통제함으로 우리의 경외감과 기강을 유지해 준다.

때로 이런 체액들은 또한 콩팥 기관과 비장과 허파와 심장 기관으로 이끄는 인접해 있는 기관들에게 영향을 미친다. 그들 모든 기관들이 우리 몸의 왼쪽에 있는 내부 기관들에 의해 동요되는데, 간이 신체의 오른쪽 부분을 타오르게 하는 동안에 허파들은 왼쪽 기관들을 따뜻하게 해준다. 우리의 다른 기관들의 혈관들뿐만 아니라 두뇌와 심장과 허파와 간의 혈관들이 우리 콩팥들에게 힘을 부여해 주는데, 콩팥 혈관들은 이점에서 다리의 장단지로 내려가서 그들에게 힘을 더해 준다. 만약 체액들이 그런 다음 다리 혈관들을 통해 올라간다면, 체액들이 남성의 성기나 여성의 자궁과 합쳐지게 되는데, 이는 마치 우리의 위장이 음식을 받아들이는 것과 같다. 그리고 나서 이런 체액들은 그런 기관들에게 아이들을 만들 힘을 부여해 주는데, 이는 마치 철이 돌에 의해 강해지는 것과 같다. 다리의 굽은 부분 뿐만 아니라 팔과 다리 장단지의 강력한 근육은 혈관들과 체액들로 가득 차 있다. 그리고 마치 배가 우리들의 내부 기관과 음식을 담고 있듯이, 다리 장단지도 다리 혈관들과 체액들을 담고 있다. 이러한 혈관들과 체액들은 그들이 가진 힘으로 우리를 힘있게 하며, 마치 우리 배가 우리에게 자양분을 주듯이 우리를 지탱해 준다.

우리가 열정적으로 달려야 하거나 다소 긴 행진을 해야 한다면, 우리 무릎 아래의 힘줄과 무릎의 보다 작은 혈관들이 과도하게 긴장을 한다. 이는 다리 장단지 안의 혈관들에 영향을 미쳐서, 광대한 연결망을 통해 몸 전체로 전해진다. 그래서 그들이 피로해지면 간의 혈관으로 되돌아 오는데, 뇌의 혈관을 통해 간의 혈관들에 영향을 미친다. 그들은 이런 방식으로 우리를 매우 피곤하게 만든다. 이러한 연결을 통해 콩팥 혈관은 오른쪽 다리의 장단지보다 왼쪽 다리의 장단지에 보다 심각한 영향을 미치는데, 왜냐하면 오른쪽 장단지는 간의 온기에 의해 강해지기 때문이다. 오른쪽 장단지의 혈관들은 콩팥 혈관들과 인접해 있는 기관들로 상승해 가서, 그런 후에 간의 혈관들에게 도달한다. 이런 연결을 통해 간은 담즙을 통해 콩팥을 따뜻하게 하는데, 담즙이 체액들을 풍부하게 갖고 있기 때문이다. 그 결과 콩팥은 팽창되고 빠르게 평온을 되찾고, 그리고 가능한 빠르게 그렇게 하는 것을 중단할 수 있다. 물론, 간이 우리에게 온기를 제공해 주기 때문에, 우리는 유쾌하게 되고 스스로 즐거워할 수 있다.

그러므로 만약, 우리들 안에 있는 체액들이 비정상적인 방법으로 동요하게 된다면, 그리고 위에서 언급했듯이 만약 그때 체액들이 때때로 간의 혈관에 영향을 미치게 된다면, 그때 그들이 갖고 있는 습기가 감소하게 되고, 가슴의 습도도 동정심으로 영향을 받게 된다. 그 결과로 체액들은 이런 방법으로 건조하게 된 사람들을 질병에 빠지게 한다. 만약 우리의 담phlegm이 그때 건조하게 변하고 독성을 갖게 되어 그 모든 것이 뇌에까지 치솟게 되면, 이는 두통과 눈에 고통을 유발한다. 이런 식으로 사람의 골수가 병에 걸려 바짝 마르게 되면, 달의 크기가 작아지게 될 때에 때론 간질병이 우리에게 닥쳐온다.

배꼽 주변 영역의 습기는 이런 체액들을 이용해 없앨 수 있고, 건조하거나 단단하게 변화시켜서 우리 몸이 궤양에 걸리게 하거나 부어 오르게 하는데, 이는 마치 사실은 그런 경우가 아니지만 우리가 나병에 걸린 것처럼 만든다. 뿐만 아니라 성기 혈관들이 이 습기에 의해 비정상적으로 흥분하면, 다른 혈관들에게도 영향을 미쳐서 혈관들 안에 적절한 습기가 말라 버린다. 이로서 충분하지 못한 습기 때문에 피부발진이 발생한다.

만약 콩팥 혈관들이 위에서 언급한 체액들에 의해 비정상적인 방법으로 공격을 받는다면, 위에서 언급한 것처럼 다리 장단지들과 신체의 나머지 부분들의 혈관에 영향을 미칠 것이다. 그들은 골수와 근육의 혈관들을 말라버리게 할 것이다. 그리하여 우리는 오랜 기간 동안 고통을 겪어야 하고, 꽤 오랫동안 이런 방식으로 우리의 삶을 끌고 나가야 한다. 때로 위에서 언급한 체액들은 우리의 흉강을 통해 과도하게 흐를 수 있는데, 그 결과 간에 넘쳐 흐른다. 그 후에는 과도하고 다면적인 우울증 발작이 일어날 수 있는데, 우리는 스스로 미쳐가고 있다고 생각할 수 있다. 이런 체액들이 뇌로 올라가자 마자 뇌를 공격할 것이다. 그리고 체액들은 다시 한번 위장으로 내려가서 열이 나게 한다. 이런 방식을 통해 사람들이 오랫동안 아프게 될 수 있다.

뿐만 아니라 이런 체액들은 귀의 작은 혈관들을 과도한 담으로 짓눌러 동일한 점액으로 허파 혈관을 공격하는데, 이런 방식으로 영향을 받은 사람들은 기침의 공격을 경험할 수 있고, 거의 숨을 쉴 수 없다. 동일한 양의 점액이 허파 혈관으로부터 심장 혈관까지 확대될 수 있는데, 고통을 유발해서 인근 부위까지 퍼져서 허파에 염증을 유발할 수 있다. 이는 마치 달의 크기가 줄어갈 때 간질을 일으킬 수 있듯이, 우리에게 영향을 미친다.

그렇게 넘쳐 흐르게 함으로, 체액들은 또한 배꼽 주변의 내장 기관들을 동요시킬 수 있다. 그리하여 그들은 뇌로까지 올라가서 가끔 미쳐버리게 만든다. 그들이 이런 식으로 사타구니 부분의 혈관들을 괴롭힌다면, 쓸개에 영향을 미쳐서 결과적으로 우리가 혼란스럽게 되고 정신을 잃어버릴 정도의 우울증으로 빠져들게 된다.

때로 이러한 체액들이 알맞지 않은 그들의 습기를 통해 또한 콩팥 혈관에 영향을 미쳐서, 다리 장단지들과 몸의 다른 부분들의 혈관을 점차적으로 넘쳐 흐르게 한다. 뿐만 아니라, 우리는 너무 많은 음식과 음료를 통해 압도당할 수도 있는데, 체액들은 종종 우리 안에서 기름기가 있는 많은 형태의 나병을 유발하기도 하는데, 그것은 근육들이 부풀어 오르게 만들 것이다. 만약 다른 한편으로 위에서 말한 체액들이 그렇게 습기가 많지 않고 오히려 적당하고 알맞게 흘러 신체의 모든 부분에 적절히 흘러간다면, 우리는 내적으로 건강하게 지낼 것이다. 선한 경우나 악한 경우에도 우리의 인식 능력에 있어서 우리는 번영하게 될 것이다.

Visio 3.2

다시 한번 나는 내게 다음과 같은 진술을 해준 하늘로부터 온 목소리를 들었다.

"하나님은 인간의 유익을 위해
모든 피조물을 인도해 왔는데,
하나님은 높은 곳들에 있는 것이나
깊은 곳에 있는 것 모두를 만들었다.
우리가 우리의 위상을 남용해서 악한 행위를 저지르면,
하나님의 심판이 다른 피조물들로 하여금
우리를 벌하도록 허락하실 것이다.
그리고 마치 피조물들이

우리의 육체적인 필요를 섬겨야 하듯이,
피조물들이 우리 영혼의 안녕을 위해
의도되었다는 점도 쉽게 이해될 수 있을 것이다."

 네가 보듯이, 동풍과 남풍이 옆바람들과 함께 강력한 돌풍으로 창공을 휘젓고, 스스로 지구를 동쪽에서 서쪽으로 가로질러 불게 했다.

 이것은 다음과 같은 의미를 지니고 있다.
 주를 경외하는 호흡과 하나님의 심판의 호흡이 거룩함이라는 힘 안에서 덕이 지닌 다른 능력들을 통해서 우리의 내적인 마음에 영향을 미칠 때, 호흡들은 먼 동쪽에서 우리의 마음을 일어나게 해서 먼 서쪽에 이르기까지 멀리 상당히 완벽한 모습으로 세운다.
 그들은 육체적인 것들을 넘어 우리가 승리자로 남아있도록 허락하고, 이런 방식으로 보존하게 해 준다. 물론, 우리가 하나님을 경외하기 때문에, 하나님의 심판이 우리의 방탕함 때문에 우리에게 임하지 않을까 두려워한다. 그러나 만약 우리가 옳은 것을 시작하고 그것을 계속한다면, 우리는 영원한 보상을 생각하게 된다….

Visio 3.3

그리고 동일한 것이 다른 바람들과 관련해서 일어난다: 마치 바람이 체액들을 자극하듯이, 하나님을 경외하는 것이 인간의 양심을 자극시킨다. 그것은 우리가 덕이라는 길을 씩씩하게 걸어가도록 주의를 주고 있다. 이것과 연결되어 우리는 종종 육체적인 스트레스tribulatio corporis를 마주하게 되고, 선한 행위들에도 지치게 된다. 그러나 그때, 남풍을 따라서, 하나님의 은혜가 자비롭게도 우리에게 가까이 와서 지상의 투쟁을 하고 있는 우리 영혼을 안내한다.

Visio 3.4

지금 너는 윗쪽 부분에 있는 불 안에서 모든 창공을 둘러싸고 있는 하나의 원이 어떻게 나타나는지를 보고 있다. 이 원으로부터 하나의 바람이 나타나 7개의 행성이 창공의 방향과 반대로 궤도를 돌도록 만든다.

이것은 어떻게 구원의 온전함integritas sanctitatis이 거룩한 힘 안에서 안식을 찾는지를 상징적으로 나타낸다. 모든 사지에서 스스로를 하나님에게 결속시키는 자들의 내적인 감각을 강하게 하는 것은 바로 이런 힘이다. 그리고 거기에서 이 힘으로부터 하나의 호흡이 나타나고, 성령의 신비스러운 선물들이 우리 인간을 만져 주시는데, 인간은 우리의 지루함 때문에 무디어 지기 시작했다. 결과적으로 우리는 우리의 무덤에서 깨어나야 하며, 정의를 향해 강렬하게 일어나야 한다. 물론 그런 행위는 인간 영혼에 있어서 그렇게 단순하지 않은데, 그 이유는 신의 명령에 따라서 영혼이 거주하고 있는 육신이 항상 순종적이지는 않기 때문이다. 그럼에도 이 영혼은 종종 육체와 일치를 이루고 있는데, 육신의 열망과 관련하여 육체는 동시에 영혼이 거주하는 공간이다. 그리고 신의 은총을 내쉬는 것은 종종 우리 인간의 의지에 대한 저항을 제공해주는 것이다.

이 바람은 이전에 언급했던 바람들과 같이 자신의 불만을 우주 속으로 발산하지 않는다. 오히려, 이는 이전에 묘사한 것 같이 단지 행성의 운행을 조절해 준다. 위에서 언급한 호흡은 이제 거룩한 분의 전체성에서 나오고 있고, 이 세상의 유기된 인간을 악에서 선으로 바꾸어주는 덕이 지닌 다른 능력들과 같이 스스로를 드러내 주지는 않는다. 왜냐하면 우리가 심지어 하나님의 은총으로 선을 실행하기 시작한다 할지라도, 여전히 거룩함으로 가득한 체로 완벽하게 살지 못하기 때문이다. 단지 우리가 진실로 이런 온전함을 얻었을 때만, 거룩함이 성령의 충만하고 온전한 은총들 안에서 우리를 지켜줄 것이며, 우리를 더 이상 이리 저리로 흔들리지 않게 해준다. 왜냐하면 마치 거룩함이라는 축이 아래로는 그리스도 위에 기초하고 있으면서 위로는 하늘까지 도달하기 때문인데, 그래서 만약 그리스도가 우리를 보존한다면, 그 안에 성령의 일곱 가지 선물이 자신들의 안식처로 삼고 있는 우리는 더 이상 흔들리지 않을 것이며 다양한 유혹의 공격에도 함몰되지 않을 것이다. 이것은 하나님의 영감에 따라 하박국서에 기록되어 있다.

Visio 3.5

"**주 여호와는 나의 힘이시라 나의 발을 사슴과 같게 하사 나를 나의 높은 곳으로 다니게 하시리로다 이 노래는 지휘하는 사람을 위하여 내 수금에 맞춘 것이니라**" 하박국3:19

이것은 다음과 같이 이해되어야 한다.

나를 창조하신 하나님, 통치자처럼 내 위에 능력을 갖고 계신 분은 또한 내 자신의 능력인데, 왜냐하면 하나님 없이는 내가 어떠한 선한 행위를 할 수 없으며, 오직 하나님을 통해서만 내가 살아있는 영을 갖기 때문이다. 그 영을 통해 내가 살고, 움직이며, 그 영을 통해 내 모든 행보를 알아가기를 배운다.

그러므로, 이 하나님이자 통치자는, 만약 내가 진실로 하나님을 부르짖는다면, 내 발걸음들을 하나님의 명령이 이끄시는 대로 인도하시는데, 이는 마치 목자가 샘물을 찾아 서둘러 가는 것과 같다. 그리하여 하나님은 하나님의 계명들에 따라 나를 위해 세워진 그 높은 곳으로 나를 인도하신다. 그리고 하나님은 승리의 힘 안에서 나의 세상적인 욕망들을 엎어버리셔서 내가 천상의 축복을 얻게 될 때 나로 하여금 하나님을 칭송하는 노래를 부르게 하실 것이다.

왜냐하면 마치 태양이 하늘의 창공에 고정되어 있어 땅 위의 피조물들을 관할하는 능력을 갖고 있어서 어떤 것도 그것들을 이길 수 없는 것처럼, 자신들의 마음과 지성을 하나님을 향해 방향 잡고 있는 신자들 역시 하나님에 의해 망각될 수 없다.

태양이 우주 안에서 확고하기 때문에 진실로 지구에 있는 모든 것을 내려다 보며, 그 누구도 태양에 화를 내지 않는다. 태양은 지상의 이러한 삶이 일으키는 어떤 종류의 문제에 의해서도 혼란을 겪지 않는다.

태양은 강도들의 소굴, 말하자면 우리 인간들이 종종 속임을 당하는 교활한 자들이나 시기하는 자들의 집에서 찾을 수 없으며, 자신들의 창조주를 신경 쓰지 않는 자들의 우왕좌왕하는 삶의 방식을 따라 모순된 혼돈의 길을 따라가지도 않는다. 왜냐하면, 그들은 자신들의 자유의지를 따라 행동하기 때문이다. 그러므로, 그런 사람들은 뒷걸음쳐 걸어가는 가재와 행성들을 메마르게 만드는 회오리바람을 닮았다.

Visio 3.6

그러므로, 너는 그들이 서로서로 마주할 때 상이한 바람들과 공기들을 통해 인간 안에 있는 체액들이 그러한 동일한 바람들과 같은 방식을 취하면서 어떻게 동요되고 변경되는지를 보고 있다.

이것은, 덕이 지닌 능력들 가운데서 발견되는 상이한 종류의 호흡을 통해서, 그리고 인간의 상이한 희망들을 통해서, 이러한 전개들이 모두 서로서로 일치하고 있다는 것을 보여준다. 만약 우리가 하나님과 관련이 있는 것들을 열망한다면, 우리의 생각들은 하나님에 의해 움직일 것이고, 선을 행하는데 능숙하게, 덕이 지닌 능력들의 존엄함에 의해 넘칠 것인데, 그것들은 거룩한 열망과 같은 것들이다. 윗부분에 있는 각각의 구성 요소들은 그것에 적절한 대기를 마주하고 있고, 대기를 통해 그 구성 요소는 바람의 힘에 의해 주변을 돌도록 강요 받는다. 그렇지 않으면, 그 요소는 움직여지지 않을 것이다.

유사한 방법으로, 우리의 열망은 보다 고상한 덕들과 능력들을 공유하는데, 우리 열망이 그들과 조화를 이루고 있기 때문이다. 그리하여 우리 열망의 결과로 우리는 악을 파괴하기 위해 강하게 된다. 그렇지 않으면, 우리는 선한 것으로 결코 방향을 돌려서는 안 된다.

확실하게, 모든 선함은 순전히 하나님으로부터 오는데, 창조자는 우리의 구체적인 세상에서 하나님을 위해 우리가 자유롭게 결정하기를 원하셨다. 마지막으로, 이것이 바람들과 대기들 사이에 존재하는 복잡한 모든 조합들이 지니고 있는 의미이고, 인간 안에 있는 체액들의 구조가 지닌 의미인데, 그것은 그런 결정을 보여주는 것이며 자극해 주는 것이다….

물론, 우리가 하나님만을 위해 합리적인 방법으로 육신을 지배하고 있다면, 우리가 우리의 내적인 영혼을 지극한 복을 향해 위로 향하게 하고 있으며, 이는 마치 "지혜" 그 자체가 다음과 같이 말할 때 확신하고 있는 것과 같다.

Visio 3.7

"의인의 집에는 많은 보물이 있어도 악인의 소득은 고통이 되느니라" 잠언 15:6

이것은 마치 태양이 정오에 정점에 솟아오르고 거기서 최고의 열기을 태워내듯이, 그 집은 하나님의 심판 아래 자신들의 모든 행위를 이런 방법으로 수행하는 의로운 자들의 마음처럼 서 있다.

그들은 그들이 하나의 덕에서 또다른 덕으로 발전을 하고 있고 방해를 받지 않기 때문에 충만하고 부유한 것으로 드러나는데, 이는 마치 태양이 상승하면서 제한을 받지 않으며 궤도를 도는 가운데 온기를 손실하지 않는 것과 흡사하다. 왜냐하면 우리는 이전에 우리가 선한 것을 위해 불태웠기 때문에 우리의 축복된 노력을 통해서 더욱더 타오르지 않는가? 우리는 온전히 황홀경과 가장 위대한 열망에 자리하고 있는 그런 고상한 장소들에 이미 거주하고 있는데, 거기서 우리는 그 달콤함에 만족할 수가 없다.

우리의 능력은 창공을 능가하고, 심연의 밑바닥까지 펼쳐져 있는데, 피조물 가운데 있는 인간homo cum creatura은 엄청나게 강하기 때문이다. 그리고 우리는 모든 세계를 사용할 수 있다. 더군다나, 지구는 때로 창공의 움직임에 따라 흔들리고, 지진에 의해 찢겨질 수도 있다. 창공은 지구를 물로 넘치게 하거나 비를 통해 지구를 보존하기도 하는데, 지구는 비와 이슬의 결과로 놀랄만하게 소산물들을 생산해낼 수 있다.

행복에 넘친 인간은 지상에 있는 모든 것에 다가간다. 요동하지 않고 걱정이 없는 우리 인간은 가장 높은 봉우리에 오르고, 이런 방법으로 우리는 영원한 생명이 주는 기쁨 가운데 선한 행위들을 취하게 된다.

악하고 비뚤어진 행동 안에 경외감이 없이 남아 있는 자들이 이룩한 업적 안에는 참으로 충격적인 일이 놓여 있다. 왜냐하면 그런 사람들은 요동하며 휘청거리기 때문이다. 그들은 낮을 향하지도 않고, 영원한 빛을 바라지도 않기 때문이다. 대신에, 그들은 돼지의 껍질을 삼킬 것이다. 그런 사람들은 육체적인 욕망을 포기하지 않을 것이기 때문에 이런 음식 안에서 생명을 발견할 수 없을 것이다.

Visio 3.8

너는 또한 위에서 언급한 성질을 가진 각각의 바람이 태양이나 달의 다른 궤도를 통해서나 하나님의 판결을 통해서 어떻게 동요되는지를 보고 있다….

여기서 또한, 우주적인 힘과 체액들의 구조는 인간 영혼이 거하는 도덕적인 거주지에서 은총이 사용하는 방법들을 지적해 주거나, 반대로 인간의 열망이 실용성에 기초해 어떻게 모든 존재를 검사하는지를 보여줄 것이다.

이런 방법으로 열망이 인간의 마음에 영향을 미친다.

우주적 불만에 상응하는 본성적인 특징을 갖고 있는 우리 인간이 만약에 이런 방식으로 변환된 공기를 우리 자신에게 끌어당겼다 다시금 방출해낸다면, 그 결과 우리의 영혼은 그것을 받아들여 우리 신체 내부에 더 멀리 도달하도록 할 수 있고, 우리 신체 조직의 체액들 역시 변화될 것이며, 위에서 언급한 것과 같이 우리 몸에 질병이나 건강을 가져올 것이다.

그러한 호흡에 일치하고 있는 선의를 가진 우리가 악에 대한 우리의 열망을 포기하고 악에 반대할 때 일어난다. 영혼은 이런 행동을 자체 안에서 신비스럽게 수행하고, 소란스러운 생각들이 우리 안에 넘쳐나게 하고 변화들이 일어나게 해서, 결과적으로 어떤 때는 행복을 또 다른 때는 역겨운 것을 우리에게 일어나게 한다.

Visio 3.9

체액은 우리 안에서 때로 표범처럼 잔인하게 일어난다. 그리고 체액들은 때로 앞으로 기어가고 다른 때에는 뒤로 기어가는 게와 같이 다시금 온화해진다. 그리하여 체액들은 다양한 변동을 나타내준다. 체액들은 또한 수사슴이 뛰고 쿵쿵거리는 것 가운데 자신들의 가진 모순의 정신을 보여주기도 한다. 왜냐하면 우리가 하나님을 경외하는 것으로 가득 차 있을 때에도 허황된 것들에 대한 너무 많은 일탈을 추구하는 생각들이 우리 안에 여전히 일어나기 때문이다.

게를 통해 그들은 우리에게 앞으로 조심스럽게 활보해 나가라고 주의를 주면서, 동시에 우리를 다시 한번 의심 속으로 집어 던진다. 그것들은 수사슴으로 우리를 안전함 속으로 달래어 들이고, 그러고 나서 우리를 다시 한번 흔들리게끔 만든다. 그런 생각들은 때로 굶주린 늑대처럼, 다른 때에는 게나 수사슴처럼 우리를 공격한다. 때로는 늑대와 같이, 그들은 지옥의 고통을 우리에게 묘사해 준다. 다른 때에는 기만으로 가득 차서, 우리가 수사슴, 즉 믿음을 통해서, 또는 게를 통해서, 즉 신뢰를 통해서, 정의로운 다른 일들을 필요로 하지 않고 구원을 얻을 수 있을 것이라 약속한다. 이런 생각들은 때로 우리를 다시 한번 절망 속으로 집어 던진다. 그것들은 때로 사자가 자신의 힘을 잃어버리지 않듯이, 우리가 가진 힘이 우리를 전혀 떠나지 않는 것처럼 행동한다.

뱀과 같이, 그것은 자신들이 때로는 온화하고 다른 때에는 화가 난 것처럼 보여주는데, 이는 그들이 하나님의 심판을 우리에게 묘사해 줄 때 양과 같은 온순함으로 다시금 가장하고 그런 운명을 두려워할 필요가 없다고 우리로 하여금 믿게 만들기 위해서이다. 교활하고 기어 다니는 뱀과 같이, 우리 생각은 명석함을 통해 우리가 그런 심판을 피할 수 있는 것처럼 만드는데, 그것은 우리가 양 같은 인내를 가지고 어떤 것도 두려워하지 못하도록 격려 하는데, 이는 마치 우리가 죄에 연루되어 있지 않는 것처럼 보여준다.

지금 우리는 화가 난 곰처럼 으르렁거리고 불평한다. 이전에 언급한 것처럼 우리 생각들은 다시금 양이나 뱀의 생각들과 같아질 수 있다. 곰과 더불어 우리 생각은 우리가 하나님을 위해서 신체적으로 고통을 겪어야만 한다고 볼멘 목소리로 말한다. 양이 가진 인내심과 뱀이 가진 명석함과 더불어 그런 생각들은 우리가 처벌을 받고 우리 죄를 정결케 한다고 우리로 하여금 믿도록 한다. 그리고 바로 그곳에서 그들은 불확실성 속에서 모순으로 가득 차 있는 우리를 여전히 포기한다.

체액들은 이런 방식으로 가끔 우리 안에서 바뀌는데, 왜냐하면 그런 공격들의 결과나 다른 방법들을 통해서 우리 자신들 안에서 변화하고 있는 생각들은 때로 우리를 확신 안으로 달래어 들이거나, 다시금 혼란 속으로 던져버리고, 가끔 공경이라는 적절한 정신을 향해 우리를 위를 향해 인도해 들이기도 하기 때문이다.

이렇게 변화하는 생각들은 간 안에 자신들의 거주지를 만드는데, 그곳이 인간의 인식이 시험을 받는 기관이다.

영혼의 힘을 통해서, 올바른 정도의 인식이 두뇌에서 생겨난다. 두뇌는 자신이 갖고 있는 습기로 인해 새롭게 되어서 두툼해지거나, 강해지거나, 건강해진다. 이것은 우리 생각들이 종종 간을, 말하자면 정의의 힘을 향하게 되는데, 의로운 자들은 그 안에서 인식의 능력을 갖고 창조적인 방법을 통해 활동적이게 된다.

왜냐하면 영혼의 힘은 여전히 선과 악에 대한 지식을 가리키고 있는데, 이것 때문에 정의는 믿는 자들을 위한 생명을 에워싸고 있다. 이는 마치 하나님의 아들이 자신이 나중에 성령의 영감에 의해 그렇게 많은 능력을 주었던 죄인들과 세리들을 자신의 심장 안으로 에워싼 것과 같다.

Visio 3.10

간은 인간 신체의 오른쪽을 지배하는데, 이러한 이유로 거기에는 커다란 따뜻함이 있다. 그리하여 우리의 오른쪽은 빠르며, 속도감 있게 행동을 한다.

몸의 왼쪽에는 심장과 허파들이 있는데, 왼쪽이 부담되는 일들을 견디도록 해주는 정렬이다. 우리 심장과 허파들은 마치 오븐에 의한 것과 같이 간으로부터 따뜻함을 가지고 자양분을 얻는다.

이것은 말하자면 선하고 의로운 사람들에 대한 구원이 오른쪽에서 은혜롭게 진행되고 있을 때 의는 성령을 통해서 활동하는데, 그 결과 그런 사람들이 승리 가운데 하나님을 향해 일어나고 선한 행위들을 완수하는 것을 의미한다.

그러나 그런 사람들은 왼쪽에서 악을 피하고, 올바른 마음으로 하나님을 인식하고, 의의 능력이 자신들이 행해 온 것을 세우기를 열렬히 소망한다.

만약 간의 혈관들이 그러한 체액들의 영향을 받아 움직인다면, 그들은 또한 귀의 작은 혈관들을 산산조각 낼 것이며 우리의 청력을 혼란스럽게 할 것이다. 이것은 아마 즐거운 경험을 통해 얻은 행복이 우리의 청력을 과도하게 변경시켜서 그런 것일 수도 있고, 절망이 우리의 청력을 깊은 한숨으로 던져버렸기 때문일 수도 있다.

선한 생각을 통해 생긴 자기 의존적인 정의가 우리로 하여금 사악한 것들을 듣지 못하게 안내하고 선한 것에 이르는 길을 가리켜 준다는 점이 이렇게 나타나야 한다. 그러면 우리는 거룩한 것과 해를 끼치는 것으로 둘러싸일 것인데, 우리는 선과 악 사이에 평정을 결코 찾을 수 없을 것이다.

선한 양심은 선한 것에 귀를 기울이지 않으면 무뎌질 것인데, 좋은 청각은 선한 양심이 알고 있는 것들을 받아들이기 때문이다. 우리의 청력이 선한 양심을 통해 받아들인 것을 흡수하고 소통하기 위해서는 대단한 근면함이 요청된다.

이 모든 것을 성취해 온 사람들은 가슴 속에 보물을 간직해 둔 사람처럼 행복하게 남아있다. 마치 그들이 선과 악을 모두 알고 있는 것처럼, 그들은 선한 것을 자신들의 심장의 비밀스런 방에 숨겨두고, 악은 멀리한다.

Visio 3.11

"사로 잡힌 딸 시온이여 네 목의 줄을 스스로 풀지어다 주 여호와께서 이와 같이 말씀하시되 너희가 값없이 팔렸으니 돈 없이 속량되리라"이사야 52:2-3

이 말씀은 다음과 같은 의미를 지니고 있다.

네가 회개했기 때문에 네가 이전에 사로잡히고 반역을 했던 족쇄를 아무것도 아닌 것으로 생각해야 한다.

오 인간이여, 낙원에서 지고한 평화를 누리고 있는 아이들 사이에서 비웃음을 산 너여, 낙원을 잃어버린 후에 그렇게 많은 불운한 일들을 당할 수 밖에 없었던 너여.

그러므로 우주의 지배자께서 이제 죄 가운데 파묻혀 있는 너에게 말씀하시도다. 마치 하나님의 명령에 대항하여 범죄한 것과 이런 방식으로 자기 자신의 이름, 시온의 딸이라는 이름을 잃어버린 것 때문에 낙원을 저주해야 했던 첫 번째 여인에게 하나님이 고통을 약속하셨듯이, 너는 돈 없이 그렇게 구속을 받았었다.

뿐만 아니라, 너는 돈과 지상의 욕망도 없이 구속을 받았는데, 이는 마치 구속주가 자신의 동정 본성에 근거해 죽음에서 일어나신 것과 같다.

그는 영과 물을 통해 우리 안에서 다시 태어나서, 새로운 기초 위에 생명을 세웠고, 우리를 우리 유산의 터로 다시 데려 오셨다. 태어나면서 의로운 상태로 남아있게 될 자는 시온의 높은 곳에서 물러가지 않을 것이다.

그러므로, 믿는 자들은 이런 이유로 자신들의 생각을 하나님께 돌려야 한다. 그들은 자신들의 죄를 옆으로 제쳐두고, 악한 것은 모두 자신들 뒤로 남겨두어야 한다. 그들은 자신들의 선한 행위를 위해 하나님의 도움을 구하면서 하늘에 있는 것을 바라는 열망으로 한숨을 쉬어야 한다. 그들이 그런 기도를 계속한다면, 대로에 있는 눈이 먼 거지와 같이 하나님의 은총이 그들에게 내려질 것이다.

만약 하나님이 그들이 빛을 갈구하고 어두움에서 벗어나 일어서려고 애쓰는 것을 볼 때 모든 것 가운데서 그들을 도울 것이며, 그들이 의롭고 거룩한 행위를 하도록 격려할 것이다.

그런 사람들은 악으로부터 돌아서서 선하고 거룩한 것을 행하는 데 즐거워한다. 그들은 이미 그러한 것들이 주는 달콤함을 맛보았는데, 그들이 자신들의 하나님으로부터 결코 돌아서지 않을 것이며, 대신에 뱀의 간교함을 피할 것이기 때문이다.

Visio 3.12

너는 또한 체액이 어떻게 때로 인간의 배꼽을 목표로 삼는지를 보고 있다. 배꼽은 우리의 내장 기관을 책임지고 있는데, 왜냐하면 배꼽이 내장 기관들을 부드럽게 지배하여 붕괴되지 않도록 하기 위해서이다.

뿐만 아니라 배꼽은 우리의 혈관이 적절하게 섞이도록 하고, 내장들의 정렬과 온기를 유지해 준다. 배꼽은 가끔 격렬하게 움직이기도 하는데, 우리 인간이 배꼽이 없이 살 수 없기 때문이다.

배꼽은 또한 신자들의 경우와도 같다. 우리가 우리 청각으로부터 나쁜 것들을 배제시키자 마자, 우리는 우리의 좋은 생각을 통해 다양한 많은 종류의 열망을 담고 있는 배꼽을 보다 밀접하게 지켜볼 것이기 때문이다. 이런 식으로 우리는 진실한 복의 길을 따라 앞으로 나갈 것인데, 사악한 것을 듣는 것이 가끔 우리를 악의 혼돈 속으로 빠트리기 때문이다.

체액들은 또한 가끔 인간의 성적 기관에 도달하는데, 그들은 자신들의 힘에 있어서 몇몇 놀이에서와 같이 유혹적이고 위험하다. 이러한 기관은 힘줄과 다른 혈관을 갖고 자리하고 있다.

그럼에도 불구하고, 이성이 이러한 기관들 속에서 또한 꽃을 피우게 되는데, 그 결과 우리는 해야 할 일과 남겨 둘 일을 알게 된다. 이것 때문에, 우리는 우리가 하는 일을 즐기게 된다. 신체의 오른쪽에서 우리는 온기를 느끼고, 이들은 우리의 호흡에 의해 강력하게 유지된다.

그리하여 우리는 우리의 자유의지와 모든 규율을 모아서 다른 체액들의 공격을 막아내고 훈련된 방법으로 우리의 행동을 완성한다. 우리는 탐욕이 거주하는 사타구니를 보호해야 한다. 이렇게 우리 영혼들의 구원을 위한 의의 능력을 통해 우리는 스스로를 강력하게 만들어야 하고, 그리하여 우리는 모든 것들을 경건하고 영예스럽게 완수한다.

때로 그러한 체액들은 콩팥과 내장 기관들의 혈관에도 영향을 미치는데, 그 후에 체액은 비장, 허파들, 심장의 혈관으로까지 확대된다. 이러한 모든 기관들은 내장 기관들과 함께 신체의 왼쪽에 자리하고 있다. 허파들이 그것들을 따뜻하게 하는 반면에, 간이 오른쪽을 타오르게 한다.

우리가 옳은 생각들을 가져서 우리 콩팥들을 유지하듯이, 콩팥들은 상당히 자주 스스로의 열망으로 심장에 영향을 미치고, 우리로 하여금 악을 행하도록 자극한다. 이것은 육신의 어리석음이 콩팥에 영향을 미치기 때문이다. 이는 의의 길로 들어가는 자들의 행위이다.

Visio 3.13

우리의 나머지 기관들뿐만 아니라 , 뇌와 심장과 허파들과 간의 혈관은 우리의 콩팥들을 강력하게 만든다. 콩팥 혈관들은 차례로 아래로 흘러 혈관들을 강력하게 만들고, 남성의 성기들이나 여성의 자궁과 연결시키기 위해 다리 혈관을 타고 다시 한번 위로 올라가는데, 이는 마치 위장이 우리 음식들을 한데 모으는 것과 같다. 이러한 혈관들은 성기에 아이들을 낳을 힘을 부여하는데, 이는 마치 돌이 철을 날카롭게 하는 것과 같다.

우리가 수치심 때문에 육신적인 열망을 억누르고, 그래서 콩팥을 억제할 때에 우리는 정결함으로 가득한 우리의 본능적인 지각 능력을 통해 콩팥을 깨끗하게 한다.

우리는 지속적으로 의와 자기훈련으로 스스로를 지키고, 이전에는 우리 안에 제한이 없었던 것을 다루는 숙련된 기술을 스스로에게 부여한다. 앞으로는 이런 탁월함을 확고부동하게 부여하여, 우리가 더 이상 어리석은 상태로 빠져들지 않게 한다. 우리가 자제력을 발휘하면서 하나님께 나아가려고 노력할 때, 우리는 그 시간부터 앞으로 우리 자신들을 남성과 여성으로 강화시킨다.

덕이 갖고 있는 여러 능력들에 의존하여, 우리는 경건한 훈련이라는 바른 길을 따라 걸어감으로 거룩함이라는 유산을 전면에 가져와야 한다.

허벅지의 근육만이 아니라 팔과 다리의 근육들도 혈관과 습기로 가득 차 있다. 복부가 내장 기관과 음식을 담고 있듯이, 팔과 다리의 근육들도 혈관과 체액들로 가득 차 있다. 그들은 자신들의 힘으로 우리를 강하게 만들고 우리를 바르게 유지하는데, 이는 마치 배가 우리에게 자양분을 주는 것과 같다.

그러나 자제력은 힘을 축적하는 것이고 의의 능력을 보존하는 것이다. 선한 생각들이 내품는 끊임없는 안도의 한숨으로 둘러싸여 자제력은 영혼의 내적인 측면을 모아 완성시키고 구원의 완벽함을 견고하게 잡아서 거룩한 영혼들에게 자양분을 제공한다. 그리하여 우리의 자제력은 우리 인간 전체, 육신과 영혼에 거룩함 안에서 자양분을 제공한다.

Visio 3.14

우리가 날쌔게 달리거나 난이도가 높은 도보여행을 할 때에 무릎 밑에 힘줄들과 무릎의 작은 정맥들은 과도하게 커진다. 그러면 그들은 다리 종아리들 안의 셀 수 없이 많은 혈관들에 영향을 미친다. 그들은 마치 하나의 네트워크처럼 연결되어 있어서, 지친 형태로 간의 혈관으로 돌아간다. 뿐만 아니라, 그러한 힘줄들과 혈관들은 뇌의 혈관에도 영향을 미치는데, 이런 방식으로 신체 전부가 피곤해지도록 만든다.

이것은 우리가 적절한 덕의 길을 낭비하는 방식으로 변경하려고 할 때 일어나는 것이다. 이런 태도가 과해지면 우리를 견딜 수 없는 상황으로 잘못 이끌어 우리의 절제를 양심을 과장되게 보여주는 단계로 이끈다.

과도한 열정의 결과로 우리는 심지어 허락된 것들까지 우리 스스로 부정하게 될 것이다. 종국에는 다른 덕들을 역겨워하게 느낄 정도로 전개될 것이다.

우리가 의로 돌아가고 있고 양심의 가책으로 넘쳐 흐르고 있다고 즐겁게 믿음으로 우리는 피곤함이란 함정에 빠지지 않도록 스스로를 준비시킬 것이다. 이것은 우리가 영혼의 온화함과 신중함을 포기했기 때문이다.

마지막으로, 우리는 우리가 행여 자제력을 발휘할 수 있었는지 의심할 수 있고, 이런 식으로 절망의 올무에 빠지게 될 것이다.

콩팥의 혈관들은 오른쪽 다리보다 왼쪽 다리에 보다 많은 영향을 미치는데, 오른쪽 다리는 그 힘을 간의 따뜻함에서 가져오기 때문이다. 그리하여 정욕이라는 태도는 과도하고 적절하지 않은 자제를 통해 훨씬 더 증가되었다. 그러한 자제가 참으로 하나님을 찾는 과정에서 일어난 것도 아니고 하나님을 위해서 생긴 것도 아니기 때문에 감소되지 않는다. 자제력이란 신중함과 함께 나오는데, 적절한 평정함이라는 덕이 있는 능력을 통해 강화된다….

동일한 것이 신체의 오른쪽 혈관에서도 일어난다.

우리에게 따뜻함을 주는 것은 간이기 때문에, 우리는 기뻐할 것이고 즐거워할 것이다.

우리가 단지 하나님에게 있어서 진실한 것일 수 있는 자제력을 통해 탐욕의 태도를 극복할 것이기 때문에, 우리가 행여 완벽하게 길을 잃어버릴 수 있는지를 반추해보아야 한다.

그러나 의는 성령의 불 안에서 오물 가운데서 뒹군 모든 탐욕을 불살라 버리는데, 그러면 의는 우리의 탐욕을 무無, 아무것도 아닌 것으로로 이끌 것이다.

그리하여 심지어 그것이 이전에는 기쁨의 원인이 되었고 그 기쁨이 아무리 짧게 지속되었을지라도 모든 악은 소멸되고 적개심을 품게 될 것이다.

왜냐하면 죄인으로서 우리가 의롭게 되었을 때, 우리는 우리의 보상을 단지 기쁨 안에서만 찾을 수 있기 때문이다.

하나님의 창조에 대한 책 - Liber divinorum operum • 115

Visio 3.15

기관의 체액들이 부자연스럽게 흥분되고 그들이 간의 혈관에 영향을 미치게 된다면, 가슴의 습기뿐만 아니라 이런 혈관들의 습기는 줄어들 것이다.

이런 식으로 건조하게 된 인간은 질병을 겪게 될 것이다. 그들의 담은 바짝 말라버릴 것이고 독성을 갖게 될 것이다. 그리고 담은 뇌로 올라가서, 두통과 눈의 통증을 유발하게 될 것이다. 그것은 뼈의 골수를 태워버릴 것이고, 달이 기울어질 때에는 간헐적으로 간질병을 일으키게 될 것이다.

우리의 사고가 독단적이거나 완고하게 되고 이렇게 공허한 샛길로 빠지게 된다면, 결과적으로 우리는 의를 억누르게 될 것이다. 성령의 이슬에 젖을 때 거룩함을 통해서 선한 행위를 싹트게 하는 것이 바로 의다.

만약 우리 생각이 이런 과정을 따른다면, 덕이 지닌 다른 능력들이 약화될 것이며 우리 안에서 소멸될 것이다. 그러한 생각들은 우리의 양심을 바꾸어 버릴 것인데, 양심은 정의를 행하는 우리의 능력뿐만 아니라 우리의 노력에 있어서 어느 정도 시작과 끝이다.

이전에 우리 안에서 그렇게 강력했던 이 능력은 우리의 절망에 의해 일종의 현기증으로 바뀌었다. 왜냐하면 진리의 빛은, 한번 우리를 비추어 주면, 약해졌기 때문이다.

뿐만 아니라, 배꼽 안에 있는 습기는 이러한 체액에 의해 흩어졌고 단단하게 된다. 결과적으로 근육 체계가 궤양에 걸리고 부어 오른다. 그런 사람들은 비록 질병을 가지고 있지 않지만 문둥병자들처럼 보인다.

그러므로 성기 혈관들이 그릇되게 흥분되어 비슷한 방식으로 다른 기관들을 동요하게 만든다면, 인간의 기관 안에 있는 적절한 습기들이 말라버린다. 그리하여 나머지 체액들에서는 농포가 생긴다.

배꼽에 있는 탐욕을 파괴했어야 했던 자제력이라는 습기는 이처럼 완고하고, 강퍅하고, 그릇된 사유방식의 결과로 흩트려졌는데, 이는 성령이 더 이상 물을 뿌려주지 않기 때문이다.

그러나 우리가 성령을 포기할 때, 우리의 죄는 악한 습관에서 곪게 되고 나쁜 냄새를 내는 문둥병과 같이 모든 것들에서 명확해진다.

뿐만 아니라 우리 사타구니는 정결에 의해 더 이상 조롱될 필요가 없고, 이런 사유방법에 의해 흥분되어 영예로운 행위들이 지니고 있는 생명력이 우리 안에서 말라버릴 것이다.

나쁜 예가 부정한 방법으로 고양될 것인데, 호세아가 아래 구절에서 성령으로 예언했던 것과 같다.

Visio 3.16

"**내가 이스라엘 집에서 가증한 일을 보았으니 거기서 에브라임은 음행하였고…**" 호세아 6:10

이것은 다음과 같이 이해되어야 한다.

이들은 음란한 장소에서 자신들의 죄악 안에서 평온하고 아주 만족한 상태로 누워 있다. 그럼에도 불구하고 하나님은 당신의 주의하는 마음으로 그들을 내려다 보신다.

그러나 숨겨진 모든 공간들을 찾아보는 나는 말할 수 없이 혐오스런 것들을 보았는데, 돼지가 불결한 곳에 익숙한 것 같이 그들은 불순함과 음란함으로 오염된 곳에서 뒹굴고 있었다.

정결함을 추구하고, 그것을 응시하고 포용했어야 하는 이들은 비열하고 약한 존재가 되었다. 불순함은 인간을 불안하게 만들고, 인간이 정신을 잃게 만든다.

그 결과 그들은 이 세상의 존재들이나 하나님께 속한 존재들이 온전히 고결한 상태에 있다고 간주하지 않는다.

이것은 육체의 불이 자신들의 의지에 따라 허영과 함께 오만함과 우리가 이 대기에서 흡입해 들이는 모든 악을 부추기기 때문이다.

Visio 3.17

그런 사람들의 콩팥 혈관은 과도하게 흥분되고, 위에서 언급한 체액에 의해 영향을 받는다. 그러고 나서 그들은 다리의 종아리에 속해 있는 다른 혈관들과 나머지 기관들을 방해한다.

그들은 또한 골수와 공격을 받은 근육 체계를 마르게 한다. 이런 사람들은 오랫동안 질병을 겪게 되고, 약해진 상태로 오랫동안 거의 살아 남을 수 없다.

만약 그런 사람들이 배꼽과 사타구니를 통제하기를 잊어버리고, 동시에 자신들의 생각이 게으른 영역을 다니며 폭력을 찾아 헤매도록 방치해 둔다면, 그들은 절제의 일부분인 덕들이 지닌 능력을 비웃을 것이다.

비슷하게, 절제의 덕 그 자체는 신중하고 질서에 맞게 유지되어야 하는데, 왜냐하면 그것이 순결함을 지니고 있기 때문이다.

결과적으로 그런 각각의 것들이 보여준 또 다른 태도들은 그들이 천상의 이슬을 주입하는 것이 부족하여 덕들이 갖고 있는 중요한 근원으로 다시 한번 스스로의 길을 되찾아 갈 때까지 건조한 상태로 바뀌게 하여 그들 영혼으로 하여금 수척해지도록 만들 것이다.

Visio 3.18

 위에서 말한 우리 가슴에 있는 체액은 때로 과도한 습기를 지니고 넘쳐 흘러서 우리의 간을 적신다. 이런 이유로 셀 수 없이 많고 매우 다양한 생각들이 우리 안에서 일어나는데, 그 결과 우리는 모두 너무 영리하거나 너무 어리석게 행동을 하게 된다.

 이 지점에서 동일한 체액들이 우리 뇌로 올라가서 뇌를 감염시킨다. 그들은 또한 위장으로 내려가 거기에서 열이 나게 한다. 이런 방법으로 우리는 보다 긴 질병을 겪게 된다.

 이어지는 사항은 이렇게 설명된다.

 우리가 갖고 있는 다양한 종류의 생각이 우리의 방종으로 인해 조잡하게 억눌리면, 그들은 무책임함과 버릇없는 허영을 퍼지게 할 것이다. 그러면 스스로의 어리석음 때문에 그들은 우리 안에 있는 의를 질식시키는 경향을 갖게 될 것이다.

 그리하여 이런 생각들이 이렇게 우리 안에서 솟아올라, 우리를 지혜 안에서 이제 고양시킬 수도 있고 다시금 우리를 어리석음으로 곧 데리고 내려갈 수도 있다.

 이런 생각들이 우리의 양심을 혼란스럽게 하고 우리를 탐욕스럽게 만들어서, 우리 영혼이 끊임없이 졸리는 것에 의한 것처럼 이런 악들에 의해 덫에 빠져서 가끔 위험한 우울증에 빠지게 될 수도 있다.

체액들은 과도한 담으로 항상 귀의 혈관에 영향을 미친다. 동일한 체액으로 그들은 또한 허파의 혈관에도 영향을 미치는데, 이는 우리가 계속적인 기침에 휩싸이게 되거나 거의 숨을 쉴 수 없게 되는 것과 같다. 과도한 담은 허파 혈관으로부터 심장 혈관으로 움직이는데 거기에서 고통을 유발한다.

거기서 고통은 측면으로 진행되어, 허파 염증을 유발한다. 결과적으로 우리는 충격을 받아 달이 기울어지고 있을 때 간질 발작을 겪는 것처럼 보인다.

이 모든 것은 다음과 같은 의미를 지니고 있다.

모순적인 우리 생각들이 그렇게 큰 소란을 일으켜 우리의 영혼이 들을 능력을 혼란스럽게 할 것이다. 결과적으로, 우리는 선한 것을 인식할 수도 없고, 선한 것을 유지할 수도 없다.

대신에, 우리는 갑작스럽게 기침을 하는 것과 같이 선함에 대한 혐오감을 발전시킨다. 그런 생각들은 우리 마음을 어리석을 정도로 혼란스럽게 해서 우리 영혼 안에 생산적인 활동을 할 수 있는 조용한 순간을 갖지 못하게 한다. 대신에, 한번은 이쪽으로 다른 때는 저쪽으로 요동하면서 저주를 받아 죽게 된 사람같이 따라가게 된다. 왜냐하면 성실함이라는 빛이 우리 안에서 어두워질 것이기 때문이다.

과도한 수분 때문에 배꼽 주변의 내장 기관들은 자극을 받을 것이다. 그래서 이런 모순적인 생각들은 우리 뇌로 올라가서 종종 우리를 미쳐버리게 만들 것이다.

게다가 그들은 사타구니의 혈관들을 혼란스럽게 하고, 거기에서 흑담즙을 자극할 것이다. 이런 모든 것들 때문에 우리는 당혹하게 될 것이다.

우리는 슬프게 되어, 말하자면 슬프기 짝이 없게 될 것인데, 좋지 못한 것을 주입받아 혼란스럽게 된 우리의 생각이 우리 열망을 음란함으로 바꾸게 될 것이기 때문이다. 또한 우리는 우리의 양심을 잡아 채어 악한 행위들로 인해 더럽혀진다.

이런 생각들은 우리 양심이 독에 감염되고, 음란한 가운데 완전히 불안정한 상태로 방치해 둘 것이다.

그러나 우리의 우울함이 우리를 무감각하고 우울하게 만들 것인데, 이는 우리가 육신의 정욕을 성취할 수 없기 때문이다.

때론 이러한 체액들이 예외적인 습기를 가지고 콩팥의 혈관에도 영향을 미친다.

이렇게 열을 받아서, 이런 혈관들은 우리의 다리 혈관들과 신체의 다른 정맥들에도 예외적일 정도로 영향을 미칠 것이다. 그 결과, 우리는 과도한 음식과 음료로 넘쳐흐르게 될 것이다.

결과적으로 우리는 지방질이 분출되는 폭발을 경험하게 될 것이고, 우리 육신은 엄청나게 부풀어오를 것이다.

이러한 모든 증상들의 중요성은 다음과 같다.

만약 우리 생각들이 때때로 우리 안에 불결하고 음탕한 탐욕을 불러 일으켜 우리가 은혜롭지 않은 악한 행위들을 저지르게 유인한다면, 그들은 육체를 제어할 어떠한 절제 능력이라도 우리로부터 몰아낼 것이다.

그들은 우리의 자기탐닉을 폭식으로 이끌 것인데, 그것은 다시 한번 욕망의 화염을 불일게 할 것이다. 결과적으로 우리의 생각은 죄악의 게으름으로 우리를 마치 문둥병처럼 감염시킬 것이다.

그러면 우리는 육신의 정욕에 어떠한 저항도 거의 하지 못할 것이다. 왜냐하면 적절한 조정을 통해 스스로 육신을 제어하지 못하고, 악과 열망을 통해 육신에 자양분을 제공하는 사람은 스스로에게 죄라는 비만을 모아드릴 것이며, 하나님이 보시기에 불결한 것으로 가득할 것이기 때문이다.

Visio 3.19

위에서 언급한 체액은 과도하게 건조하지도 않고 과도하게 젖어 있지도 않고, 정확한 양과 적절한 방법으로 우리의 팔다리를 통해서 흘러내린다면, 선과 악에 대한 우리의 지식에서 우리는 강건하고 즐겁게 남아 있을 것이다.

우리 생각이 너무 변덕스럽거나 덧없지 않고, 너무 완고하거나 게으르지 않고, 오히려 인간과 하나님과 도덕적인 영예의 입장에서 보기에 조화를 잘 이루고 있다면, 이는 우리가 육체적인 의미에 있어서 평화로운 습관을 갖게 유도할 것이며, 지식에 기초를 잘 다지도록 만들어줄 것이다.

그러면 우리는 세상의 칭찬에 신경을 쓰지 않게 될 것이고, 우로나 좌로 치우치지 않게 될 것이다. 대신에, 대부분의 덕들을 통해 아가서에 기록된 대로 우리는 천상의 기쁨에 안도의 한숨을 쉴 것이다.

"귀한 자의 딸아 신을 신은 네 발이 얼마나 아름다운가"
아가서 7:1

이것은 다음과 같이 이해되어야 한다.
오, 너의 마음으로 즐거워하고 그것을 통해서 영원한 생명에 대한 희망을 갖는 선한 행위 가운데 하나님을 갈구하는 자여, 이런 태도가 너의 기쁨에 반영되어 있는데, 그것은 태양이 떠오르는 것 같도다.

너는 모든 사람들에게 하나님의 아들의 길을 따라 틀이 짜여진 놀라울 정도로 아름다운 삶의 자태를 보여주는구나. 네가 육신의 고행을 받아들일 때, 너는 그렇게 한다.

왜냐하면 신발을 신음으로 너는 너의 죄의 벌거 벗겨진 모습을 어느 정도 덥기 때문이다.

이것은 네가 너의 모든 마음을 다해 네가 너 자신을 사랑하는 것보다 하나님을 사랑하기 때문이다.

그리고 바로 이 점에서 너는 '귀한 자의 딸', '평강의 왕자'라고 불리는 자의 딸이라고 불리고 있다. 그는 또한 고대의 뱀을 이겼고, 자신의 백성들을 해방시켰으며, 자신의 피로서 하나님과 인간 사이의 모든 적대감을 씻겨 버리셨다.

천사들은 하나님의 아들이 성육신 할 때 인간들에게 평화를 선언했다. 인간들이 하나님을 인간의 형태로 볼 수 있는 방법으로 하나님이 하나님 자신을 땅에 묶어주셔서, 성육신은 순수한 즐거움의 원인이 되었고, 천사들이 하나님을 인간이요 동시에 신이 되신 분으로 온전하게 볼 수 있었다.

그러므로 하나님을 경외하고 사랑하는 자들이 이러한 말씀들에 온전히 공경하는 가운데 자신들의 마음을 열도록 하라. 그들로 하여금 이러한 말씀들이 자신들의 육신과 영혼들의 구원을 위해 인간의 목소리가 아닌 스스로 존재하는 자인 나 자신에 의해 선언되었음을 알도록 하라.

베르나르에게 보낸 편지

힐데가르트는 공식적인 활동을 시작한 이래
가까운 수녀들에게서 황제와 교황들에 이르는
수많은 사람들과 서신교환을 했다.
여기에 수록된 〈베르나르에게 보낸 편지〉는
자신이 어떻게 하나님으로부터 계시와 비전을 받았는지를
직접 설명해 주고 있다.

베르나르에게 보낸 편지

오, 공경하는 아버지 베르나르여, 당신 앞에 저의 주장을 놓아둡니다. 왜냐하면, 하나님이 고귀하고 영화롭게 하신 당신께서 이 세상에 사는 부도덕한 어리석은 자들에게 두려움을 가져오시고, 당신의 강력한 열정과 하나님의 아들에 대한 타오르는 사랑 안에서, 이방인의 야만성에 대항해 싸우도록 사람들을 십자가의 깃발 아래에서 투쟁할 그리스도의 군대로 모으시기 때문입니다.^{눅5:10} 저는 살아계신 하나님의 이름으로 제 질문에 귀를 기울여 주실 것을 당신에게 간곡히 부탁 드립니다.

아버지여, 거룩한 계시를 통해 제게 나타났던 비전으로 저는 대단히 혼란한 상태에 빠졌는데, 그 비전은 저의 육체적인 눈으로 본 것이 아니라, 오직 제 영으로 본 것입니다. 비참하고, 저의 여성스런 입장에서 참으로 비참한 것 이상인 존재로, 저는 아주 이른 어린아이 시절부터 제 혀로는 표현할 능력이 없는 위대한 놀라운 일들을 보아왔는데, 이는 하나님의 영이 제가 믿도록 제게 가르쳐 온 것입니다.

굳건하고 자애로운 아버지여, 당신의 친절함 가운데 제게, 저의 아주 이른 어린 시절부터 한 시간도 근심으로부터 해방되어 살아보지 못한 무가치한 당신의 종에게 응답하소서. 당신의 경건과 지혜를 통해 당신이 성령을 통해 가르침을 받은 대로 당신의 영혼을 보시고, 당신의 마음으로부터 당신의 여종을 위로하여 주소서.

타오르는 불꽃처럼 제게 의미의 심연을 가르치면서 저의 심장과 영혼을 만지는 이 비전을 통해, 저는 시편과 복음서들과 다른 책들에 대하여 내적인 이해를 도모해왔습니다. 그럼에도 불구하고, 저는 이런 지식을 독일어로 받지 않았습니다. 저는 참으로 공식적인 교육을 전혀 받지 못했는데, 그래서 저는 읽는 법을 단지 가장 초보적인 수준에서만 알고 있으며, 확실히 깊은 분석은 하지 못하고 있습니다. 그러나 제발 이 문제에 대하여 당신이 의견을 주시기를 부탁드리는데, 왜냐하면 저는 외적인 것들에 대하여는 가르침을 받지 못했고 훈련을 받지 못했지만, 다만 제 영을 통해서 내적으로 가르침을 받았기 때문입니다. 그러므로 불완전하고 확실하지 못한 언어를 사용하고 있습니다.

제가 당신의 경건한 지혜를 들을 때, 저는 위로를 받을 것입니다. 왜냐하면 제가 엄청나게 신뢰하고 있는 모범적인 삶을 살고 있는 어느 수도사Volmar 폴마르의 경우를 제외하고, 저는 누구에게도 이런 점을 감히 말하지 않았는데, 제가 듣기로는 그렇게 많은 이단들이 이 땅에 널리 있기 때문입니다. 사실 저는 저의 모든 비밀을 이 사람에게 알려주었으며, 이것이 거대하고 두려움을 주는 문제들이었기 때문에 그는 제게 위로를 주었습니다.

이제, 아버지여, 하나님에 대한 사랑 때문에, 저는 당신으로부터 위로를 받기를 추구하는데, 그러면 제가 확신을 얻을 수 있을 것입니다. 2년 이상 전에 저는 진실로 비전 가운데서 당신을 보았는데, 당신은 담대하고 두려움이 없이 태양을 똑바로 바라다보는 사람과 같았습니다. 저는 스스로 너무나 소심하고 두려웠기 때문에 울었습니다.

선하고 자애로운 아버지여, 제가 당신의 보살핌 아래 위치해 있는데, 당신이 우리의 서신교환을 통해 제가 이러한 것들을 공개적으로 말해도 되는지, 제가 침묵을 지켜야 하는지를 저에게 밝혀주기를 원합니다. 왜냐하면, 제가 보고 들은 것에 대하여 어느 정도까지 말을 해야 하는지와 관련해 이 비전에 대하여 커다란 두려움을 갖고 있기 때문입니다. 그러는 동안 이 비전에 대하여 제가 침묵을 지켜 왔기 때문에, 제 자신의 심각한 병약함 때문에 침대에 누어 지내야만 했고, 스스로 몸을 일으켜 세울 수 없었습니다.

그러므로, 저는 당신 앞에서 슬픔 때문에 눈물을 흘립니다. 왜냐하면 제 본질상, 제가 이렇게 방탕한 세상으로 유배를 오게 만든 악마의 속임수로 아담 속에 뿌리를 박고 있는 나무로 만든 와인압착기에 사로잡혀 있기 때문에 나는 안정을 취할 수 없습니다. 그럼에도 불구하고, 나는 이제 일어나 당신에게 달려갑니다. 그리고 저는 당신에 말합니다.

당신은 변덕스럽지 않고, 나무를 항상 똑바로 세우시고, 당신의 영혼에 승리자로 당신 자신 뿐만 아니라 모든 세상을 구원으로 세워나가고 있습니다. 당신은 참으로 '태양을 똑바로 쳐다보고 있는 독수리'입니다.

그래서 저는 성부의 평온함을 통해, 그의 경이로운 말씀을 통해, 진리의 영이신 달콤한 회개의 이슬을 통해, 모든 피조물이 메아리치는 그 거룩한 소리를 통해, 세상을 만들어 내시는 그 동일한 말씀을 통해, 벌집에 둘러 쌓인 꿀과 같이 말씀을 달콤한 열매로 동정녀의 자궁 안으로 보내어 그것으로부터 그분이 육체를 흡수해 낸 아버지의 장엄함을 통해 당신의 도움을 요청 드립니다.^{요17:17}

아버지의 능력을 의미하는 그 소리가 당신의 마음에 떨어져 당신의 영을 일으키셔서, 당신이 저의 이러한 말들에 재빠르게 응답하시고, 물론 하나님께로부터 온 이러한 모든 것들을 돌보시도록, 인격과 신비 그 자체로 당신이 당신 영혼의 관문을 통해 지나갈 때, 그래서 당신이 하나님 안에 있는 이러한 모든 것을 알게 되기를 원합니다.

안녕히 계십시오.
당신의 영혼이 강해지고,
하나님을 위한 강력한 전사가 되기를 기원합니다.
아멘.

힐데가르트, 삶을 위한 6가지 규칙

하나, 생명을 주는 자연의 힘으로부터 에너지를 얻으십시오.
비리디타스^{Viriditas힘}는 불^{Fire}, 공기^{Air}, 물^{Water}, 흙^{Earth}에서 나옵니다.

둘, 음식 속에 있는 치유하는 능력 안에서 건강과 균형 있는 영양분을 얻으십시오.
건강한 음식과 음료에서 치유의 힘이 나옵니다.

셋, 건강하게 잠을 자고 꿈을 조절하여 긴장된 신경들을 새롭게 풀어내십시오.

넷, 일과 여가 사이에 조화로운 균형을 이루십시오.
운동과 휴식은 여전히 중요합니다.

다섯, 규칙적인 금식과 땀을 흘리는 목욕을 통해 해독하고 정화시켜 나가십시오.

여섯, 35가지 잠재적인 덕을 사용하여, 낙관주의와 심리적으로 방어할 수 있는 힘을 발전시키십시오
기독교의 덕이 필요한 이유는 여기에 있습니다.

**Liber vitae meritorum에서 다른 35가지 악과 덕에 대한 이해가 필요한 이유입니다.

출처〈Physica〉
-자연사에 대한 이야기들을 담고 있는 힐데가르트의 이 책은 서양 허브치료의 기원이 될 만한 작품이다. 이 책은 9가지 방법에 이르는 치료 기법과 의학적인 사용 방법을 담고 있다.

심포니아
Symphonia

armonie celestium revelationum
총70편이 넘는 힐데가르트의 〈심포니아〉는 성부와 성자, 어머니 마리아와 아들, 성령, 천상의 위계, 성인들, 동정녀와 과부, 그녀가 가깝게 지냈던 인물들, 교회들을 주제로 삼고 있다. 〈심포니아〉는 수도원과 교회의 각종 예배와 절기에 사용되었고, 지금까지도 많은 예술가들에 의해 음반으로 만들어지고 있다.

Symphonia 01

창조주를 위한 응창성가

영원 무궁하신 힘이시여!
당신의 심장 안에서
모든 것들을 질서 있게 하셨으며,
당신의 말씀을 통해서
마치 당신이 뜻하신 대로
모든 것들이 창조 되었나이다.

당신의 말씀 그 자체가
육신을 입었으며,
그 육신의 형태는
아담으로부터 취해진 것입니다.

그리하여 육신이라는 그 옷은
가장 큰 고통으로부터
씻겨졌습니다.

오, 구세주의 자애로움은 얼마나 위대하신지요.
그분은
하나님의 신성이 숨을 내 쉰 것인
당신의 성육신을 통해서
어떠한 죄의 족쇄도 없이
만물을 구원했습니다.

하나님의 숨결로부터
당신의 성 육신을 통해서
당신 안에 죄가 없기 때문에
만물을 자유롭게 하십니다.

그리하여 육신이라는 그 옷이
가장 큰 고통으로부터
씻겨졌습니다.

아버지와
아들과
성령에게
영광을

그분은
자신의 의복으로부터
거대한 슬픔을
사라지게 하셨도다.

Symphonia 04
구주를 위한 교창

오, 영혼들의 목자요
오, 태초의 목소리여.

당신을 통해서
우리 모두가 창조 되었고,

우리를
우리의 비참한 상태에서
우리의 나약해진 상태에서
속량하시는 것이

이제
당신에게 기쁨이 되게 하소서.

Symphonia 24

성령께 드리는 교창

성령은
생명을 부여해주는 생명이요,
모든 존재를 움직이며,
모든 피조물의 뿌리기초이며,
모든 것을 불결한 것에서 깨끗하게 합니다.

성령은
죄악을 씻기시며,
상처에 기름을 바르십니다.

성령은
반짝거리는 생명이며
칭송할만한 가치가 있는 생명이며,
모든 존재를 깨워주시며,
모든 이를 부활시켜 주십니다.

Symphonia 29

천사들을 위한 응창성가

오, 살아있는 빛인
가장 영광스러운 천사들이여,
신성 아래에 있으면서
열렬한 의지들을 갖고서
모든 피조물의
신비로운 어두움 속에서
하나님의 눈들을 응시하고 있는데,
그곳으로부터 당신은 결코 질리지 않습니다.

당신의 형태 안에 속해 있는
그러한 즐거움은
오, 얼마나 영광스러운지요.

당신 안에 있는
그러한 즐거움은
하나님의 심연 안에 있는
은폐된 정점을 넘어

날아오르기를 원했던
당신의 동반자인
타락한 천사들 안에서 먼저 일어나는
모든 악한 활동들에 의해서
영향을 받지 않습니다.

그 타락한 천사는
구부러져서
파멸 속으로 곤두박질쳤지만,
그의 자문에 의해
하나님의 손가락으로 만드신 피조물들에게
스스로의 파멸이라는 수단을 공급해 주었습니다.

Symphonia 30
천사들에게 드리는 교창

오, 열방을 지키는 천사들이여
그들의 형태가
당신들의 얼굴 안에서 빛나도다.

의로운 자들의 영혼들을 받아들이는
오, 대천사들archangeli이여

그리고 다섯이라는 신비로운 숫자로 간주된
권세들virtutes, 권세천사과
능력들potestates, 능력천사과
권세자들principatus, 권품천사과
주관들dominationes, 주품천사과
보좌들troni, 좌품천사이여.

하나님의 비밀한 것들 위에 각인된
그룹들cherubim, 지품천사과
스랍들seraphim, 치품천사이여.

그 근원영속적인 마음에
옛 마음이라는 작은 공간을 갖고 있는
당신들에게 찬송을 드립니다.

왜냐하면
당신들은
성부께서 가진 가장 내밀한 힘,
자신의 심장에서 내쉰 힘을
얼굴을 보듯이
보았기 때문입니다.

그 근원에
옛 마음이라는 작은 공간을 갖고 있는
당신들에게 찬송을 드립니다.

복음서 설교
Expositiones

The Gospel Homilies of Hildegard of Bingen
[빙엔의 힐데가르트의 복음서 설교] (Beverly Mayne Kienzle의 번역과 서문, Collegeville, M.N.: Cistercian Publications and Liturgical Press, 2011.) 이 책에 한글 번역본을 담을 수 있도록 라틴어 원문과 영어번역본을 제공해 준 킨질리 (전) 버드대학 교수께 감사드립니다.

요한복음 10장 11-16절에 기초한 서른한 번째와 서른두 번째 설교

서른한 번째 설교

"나는 선한 목자라", 피조물의 창조자인 성부 하나님의 말씀인데, 모든 것이 나로부터 나오고, 그리고 내가 그들 모두를 풍성한 가운데 먹이기 때문이다.

"선한 목자는 양들을 위하여 목숨을 버리거니와", 말하자면, 그는 자기의 생명을 내놓는데, 그렇게 함으로써 만물을 일으키시고, 선택된 자들을 육체적인 형태로 일으키신다.

"삯꾼은 목자가 아니요 양도 제 양이 아니라 이리가 오는 것을 보면", 분명하게 "삯꾼"은 악을 상징적으로 나타내는데, 자신의 파멸을 따라 스스로 속임수를 써서 양들에게 합류하는 자이다. 그는 "목자가 아닌데," 그가 양들을 속이기 때문이다.

"그리고 양도 제 양이 아니라", 왜냐하면 그가 양들을 만들지 않았고 구원하지도 않았기 때문이다. 그의 예리함을 통해서 합리성이 저돌적으로 "다가오는 것을 보는데", 악한 인간 안에 있는 합리성^{rationalitas}이 이리가 될 때, 왜냐하면 선악을 아는 지식에 있어서 그것은 주님과 모순이 되기 때문이다. 그러나 하나님이 더 이상 이를 인내하기를 원하지 않을 때, 삯꾼은 보다 강력한 존재인 하나님께 "양들을 버린다". 기록되었으되, "그가 강력한 것들로 무장하여 자기 궁전을 지키도다.", 삯꾼은 "달아나나니". 분명하게 악한 자는 감히 더 이상 무엇을 하려 하지 않는다.

"이리가", 말하자면 매춘부와 같은 행동과 관련된 합리성이 선한 지식을 "물어가고", "양들을 헤치느니라", 역경 가운데서 패배시킨다.

그런데 "삯꾼은" 진리로부터 "달아나는데" "그가 삯꾼인 까닭이요," 그가 스스로 슬픔과 협잡을 가지고 거룩함에 합류했을 때, "그가 선한 어떤 것도 바라지 않았기 때문에, "그는 양을 돌보지 아니하였다."

"나는 선한 목자라 나는 내 양을 알고", 만물을 만든 나는 내 안에 머물러 있는 선택 받은 모든 자들과 피조물들을 "아는데", 그들이 나로부터 나왔기 때문이다.

"양도 나를 아는 것이 아버지께서 나를 아시고 내가 아버지를 아는 것 같으니." 모두가 필요한 모든 것을 요구하며 맛을 보면서 나를 바라다 보는 것이, "마치" 신성이 인성을 입고 있는 "나를 아는 것"과 같고, 신성을 "내가 아는 것과 같다."

"나는 양을 위하여 목숨을 버리노라", 인간의 육신을 입고, 그것으로 내가 그들을 일으켜 세웠던 목숨을 "내가 버리노라"

"또 이 우리에 들지 아니한 다른 양들이 내게 있어."

믿음과 많은 악 사이에서 길을 잃은 "다른 양들"은 회개를 위해 옆에 세워 두었는데, 그들은 선한 행위로 아직은 나를 만지지 않고, 내게 반대했기 때문이다.

"내가 인도하여야 할 터이니", 내가 그들을 만들었다고 그들에게 울부짖게 될 생명을 옆에 세워 두었기 때문이다.

"그들도 내 음성을 듣고" 왜냐하면 그들도 참된 성육신을 통해 나로부터 나왔기 때문이다.

"한 무리가 되어", 분명하게 믿음 안에서 하나의 회중이 되어,

"한 목자에게 있으리라", 다시 말해서, 하나님이 모든 것 안에서, 그리고 모든 것을 넘어서 축복하셨다.

서른두 번째 설교

"나는 선한 목자라", 도움이 되는 믿음인 나는 덕의 기초이다.

"선한 목자는 양들을 위하여 목숨을 버리거니와", 분명히 믿음은 덕에 도움을 요청한다.

"삯꾼은 목자가 아니요 양도 제 양이 아니라. 이리가 오는 것을 보면," 즉 불신앙, 그것은 다양한 형태의 실수들을 뜻하는데, "그 자신의" 덕이 아닌데, 왜냐하면 덕은 태어나면서부터 불신앙이 아니었기 때문인데, 영혼들의 멸망이 실수 가운데 "오는 것을 본다면."

삯꾼은 "양들을 버리고 달아나나니", 불신앙은 덕을 버려 버리는데, 불신앙은 속임수를 통해 자신을 그것에 합류시켰고, 유용함으로부터 스스로를 물러나게 하는데, 왜냐하면 그것은 선한 일들에 도움을 줄 잠재력을 갖고 있지 않기 때문이다.

"이리가 양을 물어가고 또 헤치느니라", 즉, 영혼의 위험이 덕의 열매들을 "물어가고", 그들을 슬프게 한다.

"달아나는 것은 그가 삯꾼인 까닭에 양을 돌보지 아니함이나." 불신앙은 좋은 것들을 가지고 말하지만 선한 것들을 가지고 있지 않는데, 그것이 그릇된 것이기 "때문이다." 선한 것들이 그것에 묶여 있은 것이 아니고, 덕을 "위해"

거룩한 것들에 "관심이 없기 때문이다."

"나는 선한 목자라 나는 내 양을 알고 양도 나를 아는 것이 아버지께서 나를 아시고 내가 아버지를 아는 것 같으니", "나는 믿음이요, 대단한 도움이 되는데, 나로부터 생겨난 덕을 내가 아는데, 그들이 나로부터 나왔기 때문이다. "마치" 영원이 계시에 의해 "나를 아는 것"과 같은데, 내가 영원을 계시하기 때문이다.

"나는 양을 위하여 목숨을 버리노라", 온유하게 하나의 소리를 "나는 버리는데," 내가 덕을 파괴하기를 원하는 적들을 물리쳤기 때문이다.

"또 이 우리에 들지 아니한 다른 양들이 내게 있어", "다른" 보지 못하고 지나가는 덕이 "내게 있는데", 그것들이 익숙한 이러한 덕들 가운데 있지 않기 때문이다.

"내가 인도하여야 할 터이니 그들도 내 음성을 듣고", 적들이 그들을 파괴시키려고 할 때에 내가 그들을 부를 것인데, 그들이 커다란 도움과 새로운 기적들 안에서 다가올 것이다.

"그들도", 많은 이적에 의해 만물을 통해 훈계하는 "음성을" 인식할 것이다.

"**한 무리가 되어**", 말하자면 거룩한 하나의 무리가 되어,

"**한 목자에게**", 말하자면, 유대인들과 기독교들의 하나

의 신앙으로.

에필로그

'하나님의 숨결에 휘날리는 하나의 깃털'과 같이 살다간, 하늘의 비전을 글과 삶으로 그려낸 12세기 여성 예언자, 빙엔의 힐데가르트

'불쌍하고 어린 여성'-독일의 여자 선지자

'독일의 여자 선지자'라 불린 빙엔의 힐데가르트는 평생을 수녀와 수녀원장으로 살았다. 하지만, 그녀는 독일을 기반으로 유럽 전체를 상대로 활약하며 수많은 다른 이름을 가진 시대의 인물이요 영웅이었다. 무엇보다 힐데가르트는 비전과 예언성에 기초한 천재적인 신학자로 신학과 우주론과 윤리학에 대한 묵직한 작품을 남겼다. 그녀는 베네딕트 전통에 굳건히 서서, 신학에 여성적 이미지를 옷 입히고, 신비적이고 예언적 영성으로 당대 교회와 사회에 희망을 노래했던 열정적인 선지자였다.

예술가로 특별한 재능을 지녔던 힐데가르트는 천상의 노래를 만들어 영감이 깃들인 70여 개의 예배송을 지었고, 자신이 하늘에서 받은 어려운 신학적 담론을 수많은 그림들을 통해 일반인들이 알기 쉽게 풀어갔다. 그녀는 또한 상담자와 치료자였다. 43살이 될 때까지 말하고 기록하기를 주저해 왔지만, 하나님의 명령을 공개적으로 발언하기 시작한 이후 그녀는 수녀에서 황제와 교황에 이르는 다양한 사람들을 상담했으며, 수많은 서신 교환과 설교여행을 통해 시대의 한복판에서 살다 갔다. 당대 수도원장과 수녀원장에게 기대되었던 대로, 그녀는 자신이 이끄는 공동체를 치료하는 일을 했을 뿐만 아니라 자연적인 약초를 포함해 심지어 진귀한 돌과 보석들을 사용해 사람들을 치유했다. 그녀는 또한 당대 여성으로 특이하게 농업과 어류에 대한 작품을 남길 정도로 현실적인 주제들을 심도 있게 다루었다. 1159년 교황 알렉산더 3세의 즉위와 함께 시작한 3명의 반-교황_{혹은 대립교황, 공식적인 절차를 통해 선출된 교황에 대립된 존재지만 교황이라는 이름과 권한을 주장하고 행사하는 자를 이른다}과의 20여 년에 걸친 혼돈의 시기에 힐데가르트는 당대 교회의 회복을 위해 싸웠고, 여성적 이미지를 활용해 자신만의 거대한 신학적 해석학을 만들어 내었다.

힐데가르트는 1098년 독일에서 태어나 43세가 되던 1141년까지는 비교적 조용하게 살았고, 이후 그녀 인생의 절반 정도인 40여 년을 당대 누구보다 열심히 열정적으로 살았다. 사후 꾸준한 인기를 누려온 힐데가르트는 소천 800주년을 맞이한 1979년부터 독일과 영어권 학자들을 중심으로 폭발적인 관심을 받아왔다. 심지어 14세기 이탈리아의 철학자와 신학자였던 시엔나의 캐더린 Catherine of Sienna, 1347-1380과 16세기 스페인의 신비주의자요 수도원 개혁가였던 아빌라의 테레사 Teresa of Avila, 1515-1582에 이어 가톨릭교회 세 번째 '교회의 박사'로 청원되기도 했다.

힐데가르트의 작품선집 구성

12세기 학문과 신앙적 활동에 있어서 독보적인 활동을 했던 힐데가르트는 다방면에 많은 작품들을 남겼는데, 한 권 한 권이 한글로 번역되어 우리사회에 심도 있게 소개될 필요가 있다. 하지만, 안타깝게 우리가 이번에 펴내는 작품선집은 그녀의 여러 분야에 대한 관심의 일부라도 독자들이 접할 수 있도록 편집자가 소수의 글을 선택해 담을 수 밖에 없었다. 힐데가르트는 신학과 우주론과 윤리학을 각각 논한 3부작과 다양한 주제에 대한 많은 글을 남겼다. 여기서는 수십 년에 걸쳐 집필되어 힐데가르트의 신학과 영성의 핵심을 보여주는 몇 개의 흥미로운 글을 온전히 담아 보았다.

〈너의 길을 알라〉Scivias, 스키비아스의 "선언"은 힐데가르트의 모든 저작의 신적 기원을 보여주는 중요한 문서로 가장 많이 인용된다. 이 "선언"과 함께, 하나님의 계시를 좀 더 자세히 보여주는 제1부와 그녀의 천사론을 담고 있는 6부를 여기 담았다. 3부작의 두 번째인 〈삶이 보상에 대한 책〉Liber vitae meritorum, 리베르 비타이 메리토룸은 신자들의 구체적인 삶에 대한 지침을 35개의 악과 덕에 대한 은유적인 논의로 담은 책이다. 여기서는 제1부의 서론과 첫 번째(세속적 사랑과 천상의 사랑)와 여섯 번째(화와 인내)의 악과 덕에 대한 논의를 담았다. 3부작의 세 번째인 〈하나님의 창조에 대한 책〉Liber divinorum operum, 리베르 디비노룸 오페룸에서는 인간의 본성을 담고 있는 3번째 비전을 여기에 담았다.

다음으로 우리는 그녀가 자신의 계시를 기록하고 세상에 알릴 수 있도록 결정적인 도움을 준 당대 최고의 영성가인 클레르보의 베르나르에게 보낸 편지를 담았다. 그리고 자연치유의 선구자인 힐데가르트가 제안한 건강한 삶을 위한 6가지 실천적 규칙을 풀어 담았다.

마지막으로 지금도 세계인의 사랑을 많이 받고 있는 힐데가르트의 음악의 한 측면을 맛볼 수 있도록, 〈심포니아〉Symphonia에서 다섯 편의 성가를 담았다.

몇 가지 독법

이 작품선집을 읽으면서 독자들과 함께 생각해 보기를 원하는 몇 가지 주제를 논의하고자 한다.

상징적이고 원형적인 언어의 힘이 필요한 시기

힐데가르트의 많은 저작들은 인간과 우주, 신과 인간의 근원적 모습과 관계를 그려주는 상징의 힘과 원형적 이미지가 갖는 능력을 느끼게 해준다. 이들은 인간 언어가 의미하는 깊은 바다 속으로 빨려 들어가게 만들고, 인간의 영적인 감수성과 민감성과 저 깊은 마음의 바다에서 공명을 일으킨다. 또한 신과 인간의 영이 만나는 접목 지점과 거기서 생겨나는 비옥함과 풍요로움과 생명을 '비리디타스'viriditas, 비옥함, 풍부함을 뜻하는 인간의 최상의 상태와 긍정의 힘을 나타내는 라틴어 단어라는 개념을 중심으로 보여준다. 이로서 하나님이 시공을 초월해 우주에서 인간에 이르는 상호 연결된 존재들에 어떻게 풍요로움을 선물하는가를 보여준다.

겸손의 영성-"하나님의 숨결에 따라 움직이는 하나의 깃털과 같이"- 담대한 예언자의 힘의 근원

힐데가르트의 영성에서 필자가 주목한 것 중의 하나는 그녀가 평생 간직한 겸손과 주저함의 영성이다. 그녀는 하나님이 어린 시절 너무나 생생하게 보여준 비전을 공개적으로 언급하기까지 거의 40년의 세월을 인내했다. 때론 하나님이 내린 육신적인 병을 얻어 드러눕기도 했지만, 하나님의 보다 명확한 명령을 엎드려 기다렸다. 당대 최고의 종교지도자였던 클레르보의 베르나르에게 쓴 글에서 보았듯이, 그녀는 확신에 찬 하나님의 말씀을 거듭 맘에 품고 인내하면서 공개적인 발언의 때를 기다렸다.

그러면서 힐데가르트는 자신을 '하나님의 숨결에 따라 움직이는 하나의 깃털과 같은 존재'로 규정했다. 자신의 무의지, 무능력은 고대 사막의 수도사들이 '아파테이아' apatheia 라고 불렀던 개념과 같은 것으로 인간을 완전히 죽이고, 하나님만이 온전히 일하도록 했다. 자기 스스로를 하나님의 호흡과 공기에 자연스럽게 흘러가도록 했기 때문에 그녀는 대신 진정한 자유를 누렸다. 한걸음 더 나아가 그녀가 온전히 하나님의 손길과 호흡에 들린 자가 되었기 때문에 그분의 명령을 수행할 때는 세상의 그 누구도 두려워하지 않았다.

교황 아나스타시우스 4세$^{Anastasius\ IV}$에게는 "관용의 잠에 빠지고 인식이 마비된 상태에서 깨어나라."고 경고했다. 1159년 이후 두 번째 대립-교황을 임명한 독일의 프레드리히1세$^{Fredrich\ I}$에게 보내는 편지에서 힐데가르트는 다음과 같이 준엄하게 말했다.

"오, 왕이시여. 당신의 행동에 주의를 기울이는 것이 절실히 필요합니다. 신비로운 비전을 통해, 나는 당신이 어린아이와 같이 행동하고 있음을 보았습니다. 당신은 하나님 앞에서 미친 듯하고, 말도 안 되는 삶을 살고 있습니다. 그래도 아직은 시간이 있습니다…"

인생의 조력자들, 결코 혼자 걸어 갈 수 없는 인생의 길

힐데가르트는 본인이 똑똑하고 명석했지만, 그녀가 이처럼 위대한 인물이 되는 과정에는 여러 사람들의 헌신이 있었다. 그 중 두 명의 여성과 두 명의 남성은 주목할 만하다. 그녀의 숙녀 주타^{Jutta}는 어린 힐데가르트를 받아들여서 교육시킨 장본인이었다. 주타는 힐데가르트에게 성경과 기초적인 라틴어와 시편찬송을 가르쳤다. 힐데가르트가 노동과 기도의 조화와 학문과 신앙의 조화를 이룬 베네딕트 전통에 평생 머물렀던 것도 주타의 공일 것이다.

귀족 출신으로 많은 시간 힐데가르트를 도왔던 리카르디스Richardis는 힐데가르트가 라틴어 저술을 하면서 수녀원을 이끄는데 큰 도움을 주었다.

힐데가르트의 비전을 기록하고 성숙시키도록 평생 격려했던 사람은 한때 그녀의 고해성사 신부였던 폴마르Volmar였다. 그는 그녀의 선생이요 영적인 안내자였고, 고백자였다. 하지만 그녀의 타고난 재능과 영성을 알아본 폴마르는 스승의 자리에서 내려와 평생 힐데가르트를 도와 라틴어를 교정해주고, 교부들의 작품을 안내하고, 하늘에서 받은 비전을 통해 그녀가 더 큰 깨달음으로 나아가도록 도와주었다. 그는 힐데가르트의 가장 신뢰받은 비서요, 조력자요, 친구였다.

당대 최고의 영성가였던 클레르보의 베르나르는 힐데가르트의 카리스마를 인정하고 비전을 지속하도록 권면하고, 심지어 교황에게 그녀를 인준(1147/8 년 트리어회의)하도록 강력히 추천했다. "그토록 찬란한 빛이 침묵 때문에 덮여지지 않도록 하고, 이러한 카리스마를 (교황) 자신의 권위를 통해 확언해 달라."라는 내용을 담아 교황에게 보낸 베르나르의 편지는 그 자신이 힐데가르트를 얼마나 아꼈는지를 여실히 보여준다.

우리가 힐데가르트를 알아야 할 10가지 이유?

 본인이 1997년 미국 하버드대학으로 유학을 떠나기 전까지 사실 힐데가르트에 대하여 거의 알지 못했다. 다행히 하버드대학 신학대학원에서 문자 그대로 '나의 손을 붙잡고'manuductione 중세연구의 세계로 이끌어준 비벌리 킨질리Beverley M. Kienzle 교수는 힐데가르트 라틴어 설교문 영어해제 작업에 나를 초대해 주었다. 이 책에 실린 두편의 설교는 그때 킨질리와 같이 작업했던 결과의 일부이다. 내가 쓴 논문 초록을 국제 학술지에 실리게 해주고, 미시간 주 칼라마주에서 열리는 중세국제학술대회에서 연이어 논문을 발표하게 해주었다. 그러는 사이 나는 서서히 힐데가르트에 빠져들었다. 2003년 박사학위를 받고 들어와서 한국기독교의 문헌연구와 국제화작업이라는 이유로 오랜만에 이제야 힐데가르트를 손에 잡아들었다.

 여기서는 한국사회와 한국교회가 12세기 중세의 여성 신학자인 힐데가르트를 통해 얻을 수 있는 10가지 목록을 뽑아 보았다. 이는 본인이 앞으로 전개해야 할 과제나 다름이 없지만 말이다.

- 풍부한 상징, 은유, 해석학, 상상력을 찾는 주된 도구
- 인간과 우주, 자연과 만물의 통합성, 상호연결성의 힘
- 근·현대적 담론과 함께 잃어버린 소우주와 대우주의 심포니
- 생태신학과 푸르름과 비옥함viriditas의 영성, 생명의 소생
- 복음에 충실하되, 역사의 현실에 뛰어드는 담대함의 본보기
- 시대의 예언자성을 확보하는 방안과 정신
- 여성들의 신학함, 여성들의 독특한 영성의 길
- 지금도 여전히 유효한 하나님의 예언적 비전
- 건조한 개신교의 영성을 풍부하게 해줄 중세의 영성
- 신학과 삶과 시대정신의 통합적 대안

필자는 이러한 연구 과제를 독자들과 함께 나누면서, 이제 본격적인 힐데가르트 연구에 들어가려 한다.

김재현
키아츠 원장

주요자료

J.P. Migne, ed. *Sanctae Hildegardis abbatissae Opera Omnia. In Patrologiae cursus completes: series latina 197*. Paris 1855. 이 자료에 *Vita S. Hildegardis, 145 Epistolae, Scivias, Liber divinorum operum, Physica* 등이 담겨 있다.

J.B. Pitra, ed. *Analecta S. Hildegardis. Vol. 8 of Analecta sacra. Monte Cassino, 1882.* 여기에 *Liber vitae meritorum, Expositiones evangeliorum*, 그리고 J.P. Migne에 포함되지 않은 145편의 *Epistolae*를 담고 있었다.

Scivias

[Latin] *Corpus Christianorum, Continuatio Mediaevalis vol. 43*, 1978, Brepols: Turnholti,

[English] *Hildegard von Bingen-Scivias*, The Classics of Western Spirituality, 1990, Paulist Press: New York, 545pp.

Liber vitae meritorum

[Latin] *Hildegardis Bingensis Liber vite meritorum, Corpus Christianorum. Continuatio Mediaevalis, vol. 90*, 1995. Brepols: Turnholti

[English] *The Book of the Rewards of Life*, Oxford University Press: New York, 1997, 290pp.

Liber divinorum operum

[Latin] *Hildegardis Bingensis Liber divinorum operum, Corpus Christianorum. Continuatio Mediaevalis, vol. 92*, 1995. Brepols: Turnholti

[English] *The Book of Divine Works, The Fathers of the Church. Mediaeval continuation, 2018*, The Catholic University of America Press: Washington D.C. 543pp.

[English] *Hildegard of Bingen's Book of Divine Works with Letters and Songs*, edited by Matthew Fox

Physica

Physica : liber subtilitatum diversarum naturarum creaturarum : textkritische Ausgabe, Berlin ; New York : De Gruyter

Hildegard von Bingen's Physica : the complete English translation of her classic work on health and healing, Rochester, Vt. : Healing Arts Press, c1998, 250 pp.

Causae et curae

Causae et curae :(*Liber subtilitatum diversarum naturarum creaturarum: Liber compositae medicinae*), Turnhout: Brepols Publishers, 2010.

Hildegard of Bingen: on natural philosophy and medicine : selections from Cause et cure, Margaret Berger, Cambridge; Rochester, N.Y. : D.S. Brewer / (Library of medieval women.), 1999, 166pp.

Symphonia

Saint Hildegard von Bingen-Symphonia: A Critical Edition of the Symphonia armonie celestium revelationum [Symphony of the Harmony of Celestial Revelations], With Introduction, Translations, and Commentary by Barbara Newman, Cornell University Press: Ithaca and London, 1988.

Letters

The Letters of Hildegard of Bingen Volume 1, Trans. By Joseph Baird & Radd Ehrman, Oxford University Press, 1994.

빙엔의 힐데가르트에 대한 2차 자료

Hildegard of Bingen: an Anthology, London : SPCK, 1990, 157pp.

Hildegard of Bingen: solutions to thirty-eight questions, Collegeville, Minnesota: Cistercian Publications, Liturgical Press / (Cistercian Studies Series ; no. 253.), [2014], 114pp.

Hildegard of Bingen : healing and the nature of the cosmos, Schipperges, Heinrich. / Princeton [N.J.] : M. Wiener, c1997, 122pp.

국내 관련 출간물

안셀름 그륀, 조규홍 역, 《치유-힐데가르트 성녀의 치유법》, 가톨릭출판사, 2013년.

알요샤 슈바르츠, 로날드 슈베페, 유순옥 역, 《힐데가르트의 20가지 보석 치료》, 하양인, 2017.

이나경 역, 《세계와 인간-하느님의 말씀을 담은 책》, 올댓컨텐츠, 2011년

정홍규, 《빙엔의 힐데가르트》, 푸른평화, 2004.

크리스티안 펠트만, 이종한 역, 《빙엔의 힐데가르트-수녀요 천재》, 분도출판사, 2017.

힐데가르트 관련 주요 CD 목록

900 Years- Hildegard von Bingen/ Sequentia(1998)

Ego Sum Homo(Tiburtina Ensemble, Barbora Kanatkova,

Richrcar, 2017)
Femina Forma Maria(Ensemble Mediatrix, 2011)
Heart to Heart With Hildegard: Contemporary Songs and Chants
Hildegard von Bingen: A Feather on the Breath of God(1983)
Hildegard von Bingen: Geistliche Gesange
Hildegard von Bingen: O Eterme Deus
Hildegard von Bingen: O Jerusalem
Hildegard von Bingen: Ordo Virtutum(1998)
Hildegard von Bingen: Symphoniae: Spiritual Songs(1989)
Hildegard von Bingen: The Origin of Fire(2005)
Music for Paradise-The Best of Hildegard von Bingen(2012)
Ordo Virtutum(Ensemble Belcanto, ECM, 2013)
Symphony of Harmony: Com Hildegard von Bingen 1
Vision: The Music of Hildegard von Bingen(1994)
Voices of Angels(Dennis Keene, Delos, 1999)
Voices of Angels: Music of Hildegard von Bingen(1997)
Von Bingen: Antiphona-World Premiere Recording Digitally Remastered
Von Bingen: Canticles of Ecstasy(1994)
Von Bingen: Celestial Harmonies

DVD

In Portrait/Ordo Virtutum, BBC, 2004년